Meine Lieblingsorte

Jons Kapel [B3] 15

Die Granitklippen, die an der Küste bis zu 40 Meter steil in die Höhe ragen, gelten als die spektakulärsten der Insel. Der Legende nach lebte ein irischer Mönch namens Jon in einer der Fels-höhlen – daher ihr Name. Vom Meer aus ähnelt der monumentale Felsblock tat-sächlich einer Kapelle (s. S. 32).

003bh-fo©mbt_studio

18 Burgruine Hammershus [B2]

Die größte mittelalterliche Burgruine Nordeuropas steht auf einer 74 Meter hohen Klippe über dem Meer. Wer hinauf-steigt, wird mit einem Traumblick bis hin zur schwedischen Küste belohnt. Im August findet am Fuße der Ruine das Wonderfesti-wall statt, bei dem auf drei Bühnen Bands aus ganz Europa spielen (s. S. 35).

004bh-fo©cmfotoworks

Gudhjem [F4] 30

Das beschauliche Hafenstädtchen, das übersetzt „Gottes Heim" bedeutet, erstreckt sich an einem steil zum Meer abfallenden Hang. Mit seinen roten Ziegeldächern und den verwinkelten Gassen könnte der Ort auch irgendwo in Italien liegen. Auf dem höchsten Punkt von Gudhjem befindet sich die strahlend weiße Kullmanns Mølle, Dänemarks größte Windmühle (s. S. 48).

005bh-fo©cmfotoworks

49 Dueodde [G10]

An der Südspitze Bornholms lockt der breiteste Strand der Insel, der zu den schönsten Europas zählt. Mit über 20 Kilo-metern ist er so lang, dass es zwischen den Dünen auch in der Hochsaison ruhig und nie überlaufen ist. Wahrzeichen ist der 48 Meter hohe Leuchtturm Dueodde Fyr 50, von dessen Plattform man bei guter Sicht rund 35 Kilometer weit in die Ferne blicken kann (s. S. 72).

001bh-cl

Liebe Grüße ...

006bh-cl

... vom Weingut Lille Gadegård

Wer hätte das gedacht? Weinbau mitten in der Ostsee! Weinbauer Jesper Paulsen ist selbst überrascht, dass ihm das gelungen ist. Ich sitze im gemütlichen Restaurant des Weinguts, unterhalte mich mit Jesper und genieße einen köstlichen Pinot Noir, der mit italienischen und französischen Weinen durchaus konkurrieren kann (s. S. 106).

... aus Bornholms Kunstmuseum

Man würde den modernen, schneeweißen Bau eher in einer Großstadt vermuten als hoch oben über den Helligdomsklipperne **29**. Die Ausstellungsräume sind wie kleine Grotten angeordnet, eine Quelle plätschert durch das gesamte Museum. An den Wänden hängen eindrucksvolle Werke der Bornholmer Schule und der Moderne – alle mit Bezug zur Insel. Die Aussicht über die Klippe ist atemberaubend (s. S. 46)!

007bh-cl

... vom Wasserfall Døndalen

Fast übersieht man ihn vor lauter Grün. Versteckt hinter Bäumen fällt Dänemarks höchster Wasserfall zwischen moosbedeckten Steinen gerade einmal 20 Meter in die Tiefe. Gemütlich, wie er vor sich hin plätschert, ist er natürlich kein Vergleich zu den großen Wasserfällen dieser Welt – dafür ist er in einem Märchenwald beheimatet (s. S. 45)!

008bh-cl

... aus der kleinsten Lakritzfabrik der Welt

Johan Bülows handgerollter Gourmet-Lakritz hat es aus dem kleinen Laden in Svaneke **38** in die weite Welt geschafft. Unzählige Sorten der Leckerei stehen in den Regalen – von Chili- bis zu Kaffeegeschmack. Bülows geheime Rezeptur beruht auf Rohmaterialien von einheimischen Erzeugern und enthält weder Gluten noch Farb- und Konservierungsstoffe. Ich könnte mich ewig im Laden aufhalten und die kleinen Köstlichkeiten naschen (s. S. 64)!

009bh-cl

Bornholm

Die Vorfreude wächst mit jedem Meter, den das Flugzeug an Höhe gewinnt, mit dem lauter werdenden Brummen der Propeller und dem Blick hinunter auf den Øresund, der gleich unter den Wolken verschwindet. Als ich nach dem kurzen Flug den Bornholmer Flughafen verlasse, rieche ich das Meer, atme klare, frische Ostseeluft ein und freue mich auf den Tag, der vor mir liegt. Wenn ich in Kopenhagen bin, komme ich gerne für einen Tag auf die Insel – sie ist klein, die Entfernungen sind kurz. Selbst in nur wenigen Stunden kann man ihre Schönheit und Vielfalt erleben: endlose weiße Sandstrände, schroffe Steilküsten, grüne Wiesen, blühende Felder, Wälder, dazwischen liegende Bauernhöfe, weiß leuchtende Rundkirchen, imposante Kaufmannshöfe und idyllische kleine Dörfer.

Ob Frühling, Sommer, Herbst oder Winter: Bornholm ist immer eine Reise wert. Besonders abseits vom Trubel des Sommers können Urlauber die Ostseeinsel von einer ganz anderen Seite kennenlernen. Sogar im grauen November hat Bornholm seine Reize. Der deutsche Schriftsteller Hans Henny Jahnn, der viele Jahre auf der Insel lebte, sagte einmal: „Wenn der Nebel den Himmel eng macht, scheint mir die Insel erst vollkommen zu sein."

Meine Lieblingsreisezeit für Bornholm ist der Herbst, wenn die Wälder bunt leuchten und ich den weiläufigen Dueodde Strand für einen Spaziergang ganz für mich alleine habe. Dann gilt: tief durchatmen, den Blick über den endlos weiten Strand gleiten lassen und einfach im Hier und Jetzt leben.

Die Autorin

Die Heidelberger Journalistin **Cornelia Lohs** hat Dänemark von Nord bis Süd ausgiebig bereist. Bornholm hat sie erst spät entdeckt, sich aber auf den ersten Blick in die Insel verliebt. Bei mehreren Umrundungen mit Fahrrad, Auto und Bus hat sie Land bzw. Insel und Leute kennengelernt und viele Freundschaften geschlossen. Aufgrund der Farben und der Ruhe besucht sie Bornholm am liebsten im Herbst – zudem hat sie dann die Schaukel am Balka Strand ganz für sich alleine (siehe Foto). Mit Dänemark verbindet sie außerdem etwas ganz Besonderes – im September 2014 hat sie dort ihren amerikanischen Lebensgefährten geheiratet und mit ihm ein paar Tage auf Bornholm verbracht, das er nun genauso liebt wie sie. Cornelia Lohs schreibt und fotografiert in den Bereichen Reise und Lifestyle für Print- und Onlinemedien in Deutschland, Österreich und der Schweiz und betreibt ihr eigenes Reiseblog: www.atterrata.com. Der InselTrip Bornholm ist nicht ihr erstes Buch, jedoch ihr erstes im REISE KNOW-HOW Verlag.

010bh-cl

Inhalt

Zeichenerklärung

★★★ nicht verpassen
★★ besonders sehenswert
★ wichtig für speziell
interessierte Besucher

[A1] Planquadrat im Kartenmaterial. Orte ohne diese Angabe liegen außerhalb unserer Karten. Ihre Lage kann aber wie von allen Ortsmarken mithilfe der begleitenden Web-App angezeigt werden (s. S. 144).

◁ *Steinerner Wächter am Hammerknuden* ❶⓳*:
der Leuchtturm Store Fyr (011bh-fo©cmfotoworks)*

Benutzungshinweise

Orientierungssystem

Die in den folgenden Kapiteln beschriebenen Attraktionen sind mit einer **fortlaufenden magentafarbenen Nummer** gekennzeichnet, die sich als Ortsmarke im Faltplan wiederfindet. Steht die Nummer im Fließtext, verweist sie auf die Beschreibung dieser Attraktion.

Die Angabe in **eckigen Klammern** verweist auf das Planquadrat im Faltplan oder auf den Ortsplan. Beispiel:

19 Hammerknuden ★ ★ ★ [B2]

Alle weiteren Points of Interest wie Unterkünfte, Restaurants oder Cafés sind mit einer Nummer in **spitzen Klammern** versehen. Anhand dieser eindeutigen Nummer können die Orte in unserer speziell aufbereiteten Web-App unter www.reise-know-how.de/inseltrip/bornholm16 lokalisiert werden (s. S. 144). Beispiel:

❭ **Hotel Pension Klostergaarden** €€ <036>

Beginnen die Points of Interest mit einem **farbigen Quadrat,** so sind sie zusätzlich in den Ortsplänen eingezeichnet:

■ **Café Gustav** € <008>

Preiskategorien

Gastronomie

Die Preiskategorien beziehen sich auf ein Hauptgericht ohne Getränke.

€	bis 100 dkr (ca. 13 €)
€€	100–200 dkr (ca. 13–27 €)
€€€	über 200 dkr (ca. 27 €)

Unterkünfte

Die Preiskategorien gelten für ein Doppelzimmer pro Nacht bzw. für eine Ferienwohnung für zwei Personen pro Nacht.

€	bis 600 dkr (ca. 80 €)
€€	600–1000 dkr (ca. 80–135 €)
€€€	über 1000 dkr (ca. 135 €)

Vorwahlen

❭ **Dänemark:** +45
❭ **Deutschland:** +49
❭ **Österreich:** +43
❭ **Schweiz:** +41

Auf **Bornholm** gibt es **keine Ortsvorwahlen,** es muss lediglich die achtstellige Rufnummer gewählt werden (ohne 0 davor).

ORTE UND REGIONEN

Neringa

Bornholm im Überblick

Eigentlich liegt die **kleine dänische Ostseeinsel** näher an **Schweden** als an Dänemark. Nur 40 Kilometer trennen Bornholm von der Südküste des Nachbarlandes, bis Kopenhagen ist es viermal so weit. Die Felseninsel ist eine Welt für sich, die auf rund 588 Quadratkilometern alle Landschaftsformen Skandinaviens vereint: schroffe und felsige **Steilküsten** im Norden und Osten, die sich gut 50 Kilometer um die halbe Insel erstrecken, **weiße Sandstrände** im Süden und dazwischen **tiefe Täler** mit üppigen Wäldern, Heideflächen, Mooren, kleinen Seen und Wasserfällen. Mit durchschnittlich 1580 Sonnenstunden im Jahr scheint die Sonne hier weitaus häufiger als im Rest des Landes. Dies gilt vor allem im Süden, wo in **beinahe mediterranem Klima** Feigen-, Maulbeer- und Mandelbäume gedeihen. Wie in südlichen Ländern findet das Leben in den Dörfern und Städtchen bis in den September hinein auf der Straße statt. Rund 200.000 deutsche Touristen reisen jährlich nach Bornholm, 70 Prozent kommen immer wieder, manche ihr Leben lang.

Der größte Ort und Tor zur Insel ist **Rønne** ❶ an der Westküste, wo sich auch der Fähr- und Flughafen (s. An- und Rückreise auf S. 118) befinden. In **Allinge-Sandvig** ❷ im Norden nahm der Tourismus vor über hundert Jahren seinen Anfang; dort gibt es bis heute die meisten Hotels. Das idyllische Hafenstädtchen **Gudhjem** ❸, das an einem zum Meer hin abfallenden Hang liegt, wurde sogar in einem Hollywood-Film verewigt. **Svaneke** ❸ im Osten mit seinen steingepflasterten Gassen und liebevoll restaurierten Häusern gilt als schönstes Städtchen Bornholms. In der zweitgrößten Stadt **Nexø** ❷ befindet sich der größte Fischereihafen der Insel.

Zu den wichtigsten **Sehenswürdigkeiten** Bornholms gehören die imposante **Burgruine Hammershus** ❸ aus dem 12./13. Jh., die an der Nordküste auf einem 74 Meter hohen Felsen thront, und die spektakulären Granitklippen **Jons Kapel** ❸. Außerdem locken vier mittelalterliche **Rundkirchen** (s. S. 44), 40 über die Insel verteilte **Runensteine** (s. S. 27) und die geheimnisvollen **Bautasteine** (s. S. 60), wie sie zum Beispiel im kleinen Wald Louisenlund zu entdecken sind. Der Stolz der Insel ist das architektonisch einmalige **Bornholms Kunstmuseum** ❷ bei den nicht minder eindrucksvollen **Helligdomsklipperne** ❷. In unmittelbarer Nachbarschaft von Bornholm liegen die **Erbseninseln (Ertholmene)** – hier ist die Festung von **Christiansø** (s. S. 81) einen Besuch wert.

KURZ & KNAPP

Die Entstehung Bornholms

Der **Legende** nach hatte Gott, als er mit der Erschaffung Skandinaviens fast fertig war, noch Material übrig: Erde, feinen Sand, Spalten, Täler und jede Menge Felsen. Er nahm es in seine Hände, warf es in die Ostsee, nahm einen Klecks Natur und bemalte diesen mit Wäldern, Heidekraut und Blumenwiesen. So entstand eine wunderschöne Insel mit einer spektakulären Landschaft: Bornholm.

◁ *Vorseite: Der Hafen von Rønne* ❶ *nimmt den Urlauber in Empfang*

Inselsteckbrief

013hr-db

> **Lage:** Bornholm ist die östlichste Insel und Gemeinde Dänemarks. Das Eiland liegt zwischen dem schwedischen Schonen und der polnischen Woiwodschaft Westpommern, ca. 150 Kilometer südöstlich von Kopenhagen und 80 Kilometer nordöstlich von Rügen. Die Südküste Schwedens ist ca. 40 Kilometer entfernt.

> **Entstehung:** Bornholms Landschaftsformen wurden während der letzten Eiszeit durch den Einfluss von Gletschereismassen gebildet. Das Vorrücken der Gletscher nach Süden führte zu einem starken Gesteinsabtrag, v. a. an Gesteinsklüften, Gesteinswechseln und Verwerfungen – so bildete sich die heutige Wellenform der Insel heraus. Aufgrund des Abtrags entstanden zahlreiche Schluchten, die meist in Südwest-Nordost-Richtung verlaufen. Am Ende der Eiszeit floss das Schmelzwasser ins Meer ab; so bildeten sich die im Norden von Bornholm zu findenden schmalen, tief eingeschnittenen Spaltentäler.

> **Höchste Erhebung:** Rytterknægten im Waldgebiet Almindingen **36** mit 162 m

> **Fläche und Ausdehnung:** Bornholm, die fünftgrößte Insel Dänemarks, hat eine Fläche von 588,30 km²; die Länge beträgt 40 km, die größte Breite 30 km.

> **Einwohner:** ca. 40.000

> **Bevölkerungsdichte:** 68 Einwohner pro km²

◻ Perfekte Urlaubsidylle: die Dünen und der Strand von Dueodde **49**

> **Hauptort:** Rønne **1**

> **Verwaltung:** Bornholm gehört wie Kopenhagen zum Verwaltungsgebiet Hovedstaden ("Hauptstadtregion").

> **Wirtschaft:** Landwirtschaft, Fischerei, Tourismus, Kunsthandwerk

> **Tourismus:** Es gibt rund 2000 Ferienhäuser, 100 Hotels und Pensionen, einige Jugendherbergen und 17 Campingplätze. Es gilt: Die Anzahl der Gästebetten darf die Einwohnerzahl nicht überschreiten.

014bh-cl

Die Bornholmer „hygge"

*Wie überall in Dänemark wird auch auf Bornholm die „hygge" großgeschrieben. Übersetzt heißt „hygge" soviel wie „Gemütlichkeit"; „hyggelig" bedeutet also „gemütlich", doch das trifft es nicht ganz. Hinter „hygge" steckt jedoch so viel mehr, wie die Wahl-Bornholmerin und Bloggerin **Steffi Schroeter**, die mit ihrer Familie 2006 von Deutschland nach Dänemark ausgewandert ist, erklärt:*

Kaum ein Wort im Dänischen beschreibt so treffend den dänischen Lifestyle und ist gleichsam so schwer zu übersetzen. Der Begriff HYGGE steht wie kein anderer für die dänische Mentalität, bringt das Völkchen durch lange Winter und ist vielleicht die Erklärung, warum die Dänen als die glücklichsten Menschen gelten. Um die Gewichtigkeit des Wortes aufzuzeigen, kann ich nur einen Satz zitieren, den ich immer wieder Menschen mitgebe, die fragen, wie denn das Leben so im Winter auf Bornholm sei. Darauf antworte ich fast immer: „Man muss es lieben, sich zu hyggen, sonst hat man es schwer hier".

Auf Bornholm liegt „hygge" einfach in der Luft. Du merkst es im Straßenverkehr, in den Einkaufsschlangen der Supermärkte, wenn du in der Apotheke oder der Bank die Nummer gezogen hast und geduldig wartest, dass du an die Reihe kommst. Die Menschen nehmen es gelassener. Man hat irgendwie mehr Zeit als andernorts. Dies zieht eine Entschleunigung nach sich, die ich als reine „hygge" bezeichnen würde.

„Hyggelig" kann auch der kleine Vorgarten mit den schönen Stockrosen sein oder das gelbe Fachwerkhaus mit den alten Dannebrogs-Fenstern und der Holzbank im verwilderten Garten. Der Bornholmer liebt es, hyggelig zu wohnen. Und diesen Wohnstil kann man schwer beschreiben. „Gemütlich" ist da wohl schon die beste Übersetzung. Aber die Bornholmer „hygge" ist eben stilmäßig nicht mit der deutschen Gemütlichkeit zu vergleichen. Die Bornholmer Wohn-„hygge" fühlt man, wenn man sie sieht. Das Kleine, das Feine, das Alte mit dem Neuen kombiniert, die Liebe zu den Dingen und zum Detail.

Natürlich darf man das einzigartige **Bornholmer Kunsthandwerk** (s. S. 108) nicht vergessen: Pro Quadratkilometer befinden sich hier mehr Kunsthandwerker als irgendwo sonst in Dänemark, darunter zahlreiche Keramikwerkstätten, Glasbläsereien sowie Dänemarks Eliteschule für Glasdesign.

◁ *Ein Bummel durch die Laksegade in Rønne erinnert an die alten Tage*

Zu den besonders bei **Kindern** beliebten Attraktionen gehören **Bornholms Middelaldercenter**③⑤, wo einmal jährlich ein spektakulärer **Mittelaltermarkt** (s. S. 101) stattfindet, der **Freizeitpark Brændesgårdshaven** (s. S. 125) mit Mini-Tierpark und das interaktive **Erlebniscenter NaturBornholm**⑤⑥.

In Sachen **Kulinarik** (s. S. 103) hat das Eiland ebenfalls einiges zu bieten: Geräucherter Hering zählt zu den Spezialitäten der Insel und neben

Skandinavisches Design steht hoch im Kurs und die klaren Linien dieser Wohnstilart werden auf Bornholm oft kunstvoll mit Altem und Kuriosem kombiniert. Wenn man in die Fenster auf Bornholm schaut, die selten mit Gardinen verhängt sind, so erhascht man schnell einen Eindruck von Bornholmer Gemütlichkeit.

Hygge heißt ins Feuer schauen. Die wichtigste Anschaffung oder DAS Einrichtungsstück in einem Bornholmer Haus ist der Holzofen. Ich kann mir KEINEN Abend ohne meinen Ofen vorstellen. Der Ofen ist im Winter immer in Betrieb, die erste Amtshandlung nach dem Aufstehen heißt „Ofen an!" Das Tolle ist, dass man damit bereits in Kürze eine ganz bestimmte Stimmung ins Haus gezaubert bekommt. Genau aus diesem Grund ist auch fast jedes Haus mit einem Holzofen ausgestattet und ich kann nur jedem Urlauber empfehlen, diesen zu benutzen, denn ein echtes Bornholm-Feeling erlebt man vor allem mit dem „brændeovn", der idealerweise eine Scheibe haben sollte. Das ist übrigens auch im Sommer am Abend total „hyggelig".

Hygge geht nur ohne Stress. Was der Däne so wunderbar hinbekommt ist, dass er alles ohne Stress macht. Zusammengefasst würde ich sagen, dass „hygge" am ehesten in Richtung „Es sich gut gehen lassen" übersetzt werden kann. Und mit „schön, nett, niedlich, kuschelig".

Aber das Wesentliche liegt in der Bedeutung des Wortes als „Lifestyle". Denn es gibt Menschen, die die Bornholmer „hygge" nicht aushalten können. Wenn Bornholm aber mit EINEM Attribut protzen kann, dann ist es der Überschuss an „hygge". Überall und immerzu. Und manchmal ist es das Einzige was bleibt, wenn alles andere wegfällt: Wenn Fähren wegen Sturm ausfallen, der Verkehr wegen Schneefall lahm liegt oder wenn die Touristen im Winter wegbleiben und die Stille über der Insel einfällt. „Komm' vi hygger os" heißt es dann und der Ofen wird angemacht ...

❯ *aus: „Lebe dänisch: Ohne ‚hygge' geht es nicht!" von Steffi Schroeter (www.bornholmmylove.com). Wir danken für die freundliche Abdruckgenehmigung.*

hervorragenden Restaurants glänzt Bornholm mit Weinbau, Chocolatiers, einer Bonbonmanufaktur, leckerer Lakritze und Danablu, dem wohl bekanntesten Käse Dänemarks.

Wie die Insel erkunden?

Ob mit dem Rad, dem Bus oder dem Auto – alle Orte und Attraktionen lassen sich bequem von jedem Punkt der Insel erreichen, denn die Insel ist nur 40 Kilometer lang und maximal 30 Kilometer breit. Wer nicht mit der **Fähre** (s. S. 118) und dem **eigenen Auto** anreist, aber auch nicht auf den Bus angewiesen sein oder in die Pedale treten will, für den lohnt sich die Buchung eines **Mietwagens** (s. S. 120), der für sieben Tage gar nicht mal so teuer ist. Alle Orte der Insel sind **sehr gut ausgeschildert** – sich zu verfahren, ist auch ohne Navi fast unmöglich.

Busse (s. S. 130) fahren kreuz und quer auf allen Routen über die Insel. Besonders praktisch: Auf den Landstraßen kann man überall aus- und einsteigen, auch wenn gerade keine Haltestelle in der Nähe ist – ein **Handzeichen Richtung Busfahrer** genügt.

Mit **Fahrradverleihen** an allen vier Küsten und einem über 230 Kilometer langen, gut ausgeschilderten **Radwegenetz** ist Bornholm ein Paradies für Radfahrer (Details s. Radfahren auf S. 97). Bis zu vier Drahtesel dürfen im Bus mitgenommen werden.

> Rønne mit der Nicolai Kirke,
> die sich über die Stadt erhebt

Der Westen

An der Westküste liegen die Inselhauptstadt Rønne ❶ *und kleine Fischerdörfer. Hier finden Besucher lange Sandstrände, viel Meer, die spektakuläre Felsformation Jons Kapel* ⓯*, den kleinen Ort Hasle* ❿*, wo sich im 17. Jh. der Widerstand gegen die Schweden formierte, den Granitort Vang* ⓰ *und die Ny Kirke* ❾*, die kleinste der vier Rundkirchen der Insel. Rønne ist das Eingangstor zu Bornholm, in dessen Hafen sämtliche Fährschiffe aus Norddeutschland und Südschweden einlaufen. Hier lebt jeder Dritte der knapp 40.000 Bornholmer.*

❶ Rønne ★★★ [B7]

Die **pulsierende Hauptstadt** der Insel ist Anfangs- und Endpunkt jeder Bornholm-Reise, ob man nun mit dem Schiff oder dem Flugzeug ankommt – sofern man nach der Landung am Flughafen nicht Richtung Osten fährt. Das knapp 13.600 Ein-

wohner zählende Städtchen wurde im 13. Jh. gegründet und ist nicht nur das **Handels- und Industriezentrum,** sondern mit dem ältesten Theater Dänemarks und diversen Kunstmärkten, Galerien und Museen auch der **kulturelle Mittelpunkt** der Insel. Hier befinden sich die wichtigsten öffentlichen Einrichtungen, viele Banken, jede Menge Shoppingmöglichkeiten sowie rund 45 Hotels und Pensionen. Rund um den **Store Torv** („Großer Platz") im Herzen der Stadt locken zahlreiche Geschäfte, Cafés, Kneipen und Restaurants.

Urkundlich erwähnt wurde der Ort erstmals um 1277. Fünfzig Jahre später wurde die **Kaufmannsstadt Rønne** gegründet. Damals nannte man die Stadt allerdings **Rodne,** eine Ableitung von „rådne", was übersetzt „verfault" bedeutet. In dem sumpfigen und tangreichen Küstengebiet roch es nämlich damals nicht besonders gut. Rønne wechselte in den folgenden Jahrhunderten mehrmals den Besitzer – je nachdem, wer im Ostseeraum gerade den Machtan-

spruch erhob: Bischöfe, der dänische König, deutsche Fürsten und die Hanse oder Schweden.

Auch wenn Bornholms Hauptstadt nicht viele Sehenswürdigkeiten zu bieten hat, lohnt sich ein **Rundgang** durch den ältesten Teil Rønnes (s. S. 22), der mit seinen schmucken kopfsteingepflasterten Gässchen, Fachwerkhäusern, alten Laternen und üppigen Gärten einem **lebendigen Freilichtmuseum** ähnelt.

❷ Alter Stadtkern mit Nicolai Kirke ★★★   [A7]

Im Viertel rund um die **weiß getünchte Nicolaikirche** befinden sich zahlreiche Fachwerkhäuser und Kaufmannshöfe, die um 1700 errichtet wurden. Das Gotteshaus entstand 1275 als kleine Kapelle zu Ehren von St. Nikolaus, dem Heiligen der Seefahrer. Im 14. und 16. Jh. wurde sie durch Anbauten und einen Turmbau vergrößert. 1918 erfolgte ein grundlegender Umbau und die Kirche erhielt ihr heutiges Aussehen. Hingucker sind das Taufbecken aus dem Jahr

Bornholm im Zweiten Weltkrieg

Im Zuge der Besatzung Dänemarks ab April 1940 landeten Truppen der deutschen Wehrmacht auch auf Bornholm, wo sie am Strand von Dueodde ④ Bunker- und Geschützanlagen errichteten.

Im Verlauf des Krieges wurde die Insel zum Drehkreuz für Flüchtlinge, die von Kopenhagen hierher geschleust und von Mitgliedern der Widerstandsbewegung so lange versteckt wurden, bis sie sicher ins neutrale Schweden ausreisen konnten. Waffen wurden auf umgekehrtem Wege an Widerstandsgruppen nach Kopenhagen geschmuggelt. Als die deutschen Besatzer 1943 planten, ein Streik- und Versammlungsverbot über Dänemark zu verhängen, lehnte die dänische Regierung dies ab. Daraufhin wurde das Kabinett aufgelöst und die Deutschen übernahmen ab Ende August die Regierungsgeschäfte.

Die Lage verschärfte sich schließlich auch auf Bornholm. Gerade noch rechtzeitig gelang rund 500 Juden von Bornholm aus die Flucht, bevor wenig später die Gestapo auf der Insel aktiv wurde. Es kam zu Verhaftungen von
Fluchthelfern und Repressalien gegen die Bevölkerung.

Nach der Kapitulation der Deutschen in Dänemark am 4. Mai 1945 erhielt der Bornholmer Wehrmachtskommandant Gerhard von Kamptz vom Befehlshaber der russischen Streitkräfte in Vorpommern am 6. Mai eine Aufforderung zur Kapitulation. Von Kamptz beachtete die Aufforderung nicht und ließ stattdessen am nächsten Tag russische Aufklärungsflugzeuge beschießen, woraufhin die Russen Nexø ㊷ und Rønne ❶ mehrfach bombardierten. In Rønne wurden über 3000 Häuser beschädigt und 212 komplett zerstört. Nexø traf es schlimmer: Es wurde dem Erdboden gleichgemacht.

Nach der endgültigen Kapitulation Deutschlands übergab General Rolf Wuthmann Bornholm am 9. Mai 1945 an die Rote Armee, die ihre Truppen jedoch erst im April 1946 von der Insel abzog. Eine Dauerausstellung im Kulturhistorisk Museum ❹ informiert in Bildern, Filmen und Exponaten über den Alltag auf Bornholm während des Zweiten Weltkriegs.

1350, die Bornholmer Kanzel und einige freigelegte Fresken.

Gegenüber der Kirche stehen in südlicher Richtung die „Bombenhäuser". Das von Deutschen besetzte Rønne ❶ ging in den letzten Tagen des Zweiten Weltkriegs im sowjetischen Bombenhagel unter und wurde zu einem großen Teil zerstört (s. Kasten oben). Die Häuser, die danach entstanden, werden noch heute als „Bombehusene" bezeichnet. Über den Hauseingängen Kirkestræ-

de 4 und Kirkepladsen 14 erinnern **Keramiktafeln** an jene Zeit.

In dem gewundenen, kopfsteingepflasterten **Gässchen Vimmelskaftet** steht das **kleinste Haus der Stadt** (Nr. 11). Von der Vimmelskaftet gelangt man über die Bagergade zur **Alten Hauptwache (Hovedvagten)**, die 1743 mit Steinen aus der Festung Hammershus ⑱ gebaut wurde. Bis Mitte des 19. Jh. war hier der Sitz der Bürgerwehr. Schräg gegenüber, in der Søndergade 14, be-

findet sich der imposante Fachwerk-hof **Købmand Rønnes Gård**, der von einem „Kikkenborg" („Ausguck") ge-krönt ist, von dem aus Kaufmann Rønne einen Blick auf seine Schiffe im Hafen werfen konnte. Geht man in nördlicher Richtung weiter, steht man an der Ecke Østergade/Teater-stræde vor dem **ältesten aktiven Theater Dänemarks** (1823), das einen Kaufmannshof von 1753 beherbergt.

Toldboden in der Toldbodgade 1 gehört zu den ältesten Häusern der Stadt. Es wurde 1684 erbaut und diente als Zollamt (*told* bedeutet Zoll). Das Baumaterial stammt teil-weise von der Festung Hammershus. Blickfang gegenüber ist die unter Denkmalschutz stehende **Hafen-schmiede**, die in einem 1735 als Mu-nitionsdepot errichteten Fachwerk-haus untergebracht ist.

> **Sct. Nicolai Kirke,** Kirkepladsen 20, geöffnet: tgl. 9–16 Uhr
> **Hafenschmiede (Skibs- og Havne-smedie),** Munch Petersens Vej 10, **derzeit geschlossen**

⌂ *Fachwerkpracht: Erichsens Gård*

❸ Erichsens Gård ★★★   **[A7]**

In dem **hübschen Fachwerkhaus,** das der Tabakfabrikant Herman Bohn Rasch 1806 bauen ließ, lebte zuletzt der Anwalt Thomas Erichsen mit sei-ner Familie, die das Anwesen 1950 an die **Stiftung Bornholms Museum** verkaufte.

Das Haus vermittelt nicht nur Ein-blicke in das häusliche Leben des **Bürgertums** im 19. Jh., es erinnert in verschiedenen Räumen an diver-se **Künstler** wie den bekannten Ska-gen-Maler Holger Drachmann, der mit Erichsens Tochter Vilhelmine ver-heiratet war, oder aber an Elisabeth Zahrtmann, die Schwester des Born-holmer Malers Kristian Zahrtmann, die Vilhelmines Bruder heiratete. Mit-arbeiter des Museums begleiten die Besucher in traditionellen Bürgerklei-dern der damaligen Zeit durch das Haus.

> Laksegade 7, www.bornholmsmuseum. dk, geöffnet: Mitte Mai–Mitte Okt. Fr./ Sa. 10–16 Uhr, Juli/Aug. auch Mo., Eintritt: Erw. 70 dkr, Kinder bis 18 J. Eintritt frei. Das Museum gehört zum Verband Bornholms Museum; Kombi-ticket für vier Museen: 100 dkr.

④ Kulturhistorisk Museum ★★★ [A7]

Das 1893 zum Museum umgebaute Krankenhaus bietet auf drei Stockwerken einen detaillierten Streifzug durch die Geschichte der Insel.

Die **historische Ausstellung** im Erdgeschoss informiert über die ersten Jäger bis hin zur Wikingerzeit (s. S. 78), den Aufstand gegen die Schweden 1658 (s. S. 26) sowie den Inselalltag während des Zweiten Weltkriegs und der Bombardierung durch die Russen (s. S. 16). In einer Art Zwischengeschoss befindet sich eine Ausstellung über Bornholm

während des Kalten Krieges mit einem original Schlauchboot, das DDR-Bürger zur Flucht benutzt hatten (s. Kasten links unten). Die erste Etage widmet sich den **Bornholmer Standuhren** (s. S. 19) mit Originalen aus dem 18. Jh.; hier sind auch diverse Wechselausstellungen zu sehen.

In der zweiten Etage, dem Dachgeschoss, erlebt man die **Alltagsgeschichte** der Insel. Hier entdecken Besucher beispielsweise einen Schulraum von anno dazumal, Spielzeug aus längst vergangenen Tagen, einen Tante-Emma-Laden und etliche Utensilien aus der Seefahrt.

Schatz des Kulturhistorischen Museums sind die 2300 **Goldgubber,** die in einem Kabinett im Erdgeschoss (Zimmer 4) zu finden sind. Es handelt sich um winzige, in hauchdünnes Blattgold geprägte Figuren aus der Zeit 500–800 n. Chr., die man 1985 bei Ausgrabungen in der Nähe von Svaneke ㊳ fand. Die Fundstelle hieß im Mittelalter Guldageren („Goldacker") und zu der Zeit, als die Goldblättchen entstanden, befand sich hier das Handels- und Handwerkszentrum Sorte Muld. Da sie die Form eingestanzter oder ausgeschnittener Figuren hatten, taufte man sie Guldgubber: „Goldmännchen". Auf den ein bis zwei Zentimeter großen Goldblättchen sind einzelne Menschen, Paare und Tiere zu sehen. Die Motive zeigen u. a. Stabträger, Männer mit Schwert und Sturzbecher sowie Frauen mit Trinkhorn. Zu welchem Zweck die Goldmännchen genutzt wurden, ist umstritten. Mit der Bedeutung haben sich seit den Funden zahlreiche Doktorarbeiten befasst; zu einem einstimmigen Ergebnis kam man bisher nicht. Es könnte sich sowohl um Weihe- oder Opfergaben als auch um Zahlungsmittel handeln. Ihr Fundort

---

KURZ & KNAPP

Bornholm: Drehkreuz für DDR-Flüchtlinge

Denkt man an Fluchtversuche aus der DDR, fällt vielen sofort die Berliner Mauer ein. Dabei gab es auch eine andere, nicht minder gefährliche **Fluchtroute** – über die **nördliche Grenze** der DDR, die **Ostsee.** Tausende versuchten, in Faltbooten, Kajaks, Paddel- und Gummibooten über das Meer via Bornholm in die Bundesrepublik zu fliehen. Weitaus mehr Flüchtlinge fanden den Tod in den Ostseewellen als beim Versuch, über die Berliner Mauer zu entkommen. Die Küstengrenze der Ostsee war über 300 Kilometer lang, Bornholm lag mehr als 100 Kilometer entfernt. 913 DDR-Bürgern gelang die Flucht, mehr als 4000 wurden von der ostdeutschen Küstenwache entdeckt, bevor sie internationale Gewässer erreichten. Rund 170 Erwachsene und Kinder ertranken bei ihrem Fluchtversuch – der letzte in dem Jahr, als die Mauer fiel. Die Fluchtroute über die Ostsee ist ein fast vergessenes Kapitel der jüngeren Geschichte, an welches das **Kulturhistorisk Museum** ④ mit einer **Dauerausstellung** erinnert.

Wie die Standuhr nach Bornholm kam

In einer stürmischen Herbstnacht des Jahres 1744 strandete ein holländisches Handelsschiff auf dem Weg nach St. Petersburg an der Westküste Bornholms. Die damals sehr arme Bevölkerung nutzte die Gelegenheit und beschlagnahmte das Strandgut. Unter der Ladung befanden sich englische Standuhren, die für den russischen Zarenhof bestimmt waren. Da die Uhren nass und leicht beschädigt waren und es zu jener Zeit auf der Insel keine Uhrmacher gab, brachte man sie zu den Spinnradmachern und Holzdrechslern Otto und Peter Arboe in Rønne ❶. Die beiden Brüder waren von den Uhren derart fasziniert, dass sie damit begannen, diese nachzubauen, was anfangs schwierig war, da sie mit dem Bau von Uhrwerken keinerlei Erfahrung hatten. Als es ihnen schließlich gelang, waren die Uhren alsbald so beliebt, dass sie sogar nach Kopenhagen und Deutschland verkauft wurden. Die Nachfrage nach den Bornholmer Standuhren stieg weiter, sodass auf der Insel innerhalb kurzer Zeit Uhrenwerkstätten wie Pilze aus dem Boden schossen.

1820 entstand die Handelsgesellschaft von Rønne, die ihre Standuhren zertifizierte und sie in einem eigenen Laden in Kopenhagen verkaufte. 1830 wurde mit Zustimmung der dänischen Regierung die Bornholmer Uhrmacherinnung gegründet, woraufhin auf der Insel Gesellen- und Meisterprüfungen im Uhrmacherhandwerk abgelegt werden konnten. Mitte des 19. Jh. gab es 40 Uhrmachermeister auf Bornholm, die jährlich 3000 Standuhren herstellten.

Als in Deutschland die Produktion industriell gefertigter Uhren begann und die Nachfrage nach den großen Standuhren sank, blieben schließlich die Aufträge aus. Die letzte Bornholmer Standuhr wurde 1891 ausgeliefert. Bestaunt werden können die alten Uhren in einer Dauerausstellung im Kulturhistorisk Museum ❹. Heute gibt es in Rønne übrigens wieder einen Uhrmacher, der die klassische Bornholmer Standuhr nach alter Tradition herstellt:

■ *Bornholmerure* <001>
Torneværksvej 26, Tel. 56953108,
www.bornholmerure.dk

lässt vermuten, dass sie zu bestimmten Ritualen an Pfosten befestigt wurden, vielleicht, um Wünsche an die Götter auszudrücken.

❯ Sct. Mortensgade 29, www.bornholms museum.dk, geöffnet: Jan.–Mitte Mai u. Mitte Okt.–Mitte Dez. Mo.–Fr. 13–16, Sa. 11–15 Uhr, Mitte Mai–Mitte Okt. Mo.–Sa. 10–17 Uhr, Juli–Mitte Aug. tgl. 10–17 Uhr, Eintritt: Erw. 70 dkr, Kinder bis 18 J. Eintritt frei. Das Museum gehört zum Verband Bornholms Museum; Kombiticket für vier Museen: 100 dkr.

❺ **Hjorths Fabrik mit Keramikmuseum** ★★　　　[A7]

In der vom Store Torv westlich abzweigenden Krystalgade befindet sich Hjorths Fabrik mit **Verkaufsraum** und **Keramikmuseum.** Der über 150 Jahre alte Familienbetrieb, dessen Werkstätten besichtigt werden können, ist eine der ältesten Keramikmanufakturen Dänemarks.

Als man im 17. Jh. bei Hasle ❿ auf größere Tonvorkommen stieß, entstanden Bornholms erste Kera-

017 bh-cl

mikwerkstätten. Binnen kurzer Zeit breiteten sie sich überall auf der Insel aus. Hjorths Fabrik ist die **älteste Werkstatt**, die noch heute existiert. Gründer **Lauritz Hjorth** (1834–1912) erlernte das Töpferhandwerk in Rønne ❶ und studierte nach ein paar Jahren auf der Walz an der Berliner Kunstakademie Bildhauerei. Nach seiner Rückkehr begann er in seinem Elternhaus mit der Töpferei. Als Produktion und Verkauf rasant wuchsen, zog die Werkstatt zwei Jahre später in das Gebäude in der Krystalgade 5, wo sie sich seither befindet. Der Umzug 1861 war zugleich der offizielle Gründungszeitpunkt der Firma. Lauritz Hjorth, der anfangs Kopien antiker Skulpturen und Vasen herstellte, präsentierte seine Werke auf Ausstellungen in Belgien, in den Niederlanden und sogar in den USA. Nach seinem Tod führte seine Familie sein Lebenswerk fort. Als die Firma in den 1990er-Jahren vor dem Aus stand und schließen musste, übernahm Bornholms Museum die Werkstatt 1994 als **arbeitendes Museum**. Mit

lebendigen Werkstätten, einem Laden und einer umfangreichen Ausstellung zur Geschichte und Entwicklung der Keramik öffnete Hjorths Fabrik erneut die Tore.

Von Mitte Mai bis Mitte Oktober dürfen Besucher den Mitarbeitern wochentags in der **Werkstatt** über die Schulter schauen; in der Hochsaison im Juli und August werden **Keramikworkshops** für Kinder und Erwachsene angeboten.

❯ Krystalgade 5, www.bornholmsmuseum. dk, geöffnet: **Werkstatt** Mitte Mai–Mitte Okt. Mo.–Fr. 10–16 Uhr, **Museum** Jan.–Mitte Mai u. Mitte Okt.–Dez. Mo.–Fr. 13–16, Sa. 11–15 Uhr, Mitte Mai–Juni u. Mitte Aug.–Mitte Okt. Mo.–Sa. 10–17 Uhr, Juli–Mitte Aug. tgl. 10–17 Uhr, Eintritt: Erw. 70 dkr, Kinder bis 18 J. Eintritt frei. Das Museum gehört zum Verband Bornholms Museum; Kombiticket für vier Museen: 100 dkr.

⌂ *In Hjorths Fabrik* ❺ *kann man sich sein Bornholm-Souvenir selbst töpfern*

❻ Galløkken und Kastell mit Verteidigungsmuseum ★★ [A7]

Die **Grünanlage Galløkken** liegt südlich vom Zentrum **am Meer**. In vergangenen Zeiten stand hier der Galgen und Hexen wurden an diesem Ort verbrannt.

Im späten 17. Jh. wurde im Auftrag von König Christian V. mit dem Bau der Festung begonnen. Er wollte aus Rønne ❶ eine Festungsstadt im Kampf gegen die Schweden machen. Die Pläne wurden jedoch bis auf den Bau des **Kastells**, dem weißen Rundbau mit Kanonenluken, nie umgesetzt.

In einem Gebäude der Anlage befindet sich das **Verteidigungsmuseum (Forsvarsmuseum)**. Ausgestellt sind dort Waffen von der Wikinger- bis zur Neuzeit, eine der größten Uniformsammlungen Dänemarks sowie eine Dokumentation zur deutschen Besatzungszeit (s. „Bornholm im Zweiten Weltkrieg" auf S. 16).

❯ **Bornholms Forsvarsmuseum,** Arsenalvej 8, www.bornholmsforsvars museum.dk, geöffnet: Mitte Mai–Mitte Sept. Di.–Sa. 10–16 Uhr, Eintritt: Erw. 55 dkr, Kinder 6–16 J. 35 dkr, Kinder unter 6 J. Eintritt frei

❼ Antoinette Strand ★★ [A6]

Rønne ist zwar kein Badeort, hat mit dem Antoinette Strand im Norden jedoch einen **hübschen Sandstrand**, der sich einige Hundert Meter die Küste entlangzieht und auch windgeschützte Stellen bietet. Aber Vorsicht bei Windstille: Die Wellen der Schnellfähre zwischen Rønne und Ystad können Kinder aufschrecken, die im seichten Wasser spielen.

Ob mit dem Auto oder Fahrrad, man ist im Nullkommanichts dort. Man fährt ab dem Hafen oder der Touristeninformation den Nordre Kystvej und dessen Verlängerung, den Haslevej, entlang bis zum Antoinettevej und schon sieht man den Strand. **Parkplätze** sind vorhanden. Vom Hafen fahren auch die **Buslinien 1 und 2** in die Nähe des Strandes. Die Haltestelle ist nur wenige Meter vom Antoinettevej entfernt.

❯ Zugang über Antoinettevej; Bus 1 u. 2 bis Haltestelle Haslevej/Ecke Nordre Ringvej

Infos und Reisetipps

■ **Touristeninformation Bornholms Velkomstcenter** <002> Nordre Kystvej 3, Tel. 56959500, www.bornholm.info/de/ willkommenscenter-bornholms, geöffnet: Mo.–Fr. 9–16, Ende Juni–Mitte Aug. bis 17 Uhr, Mai–Okt. auch Sa. mind. 9–12 Uhr, im Sommer auch nachmittags (Details s. Website). Das Willkommenscenter ist nur wenige Meter vom Fährhafen entfernt; hinter dem Gebäude gibt

EXTRATIPP

Abstecher nach Arnager

Acht Kilometer südöstlich von Rønne ❶, in Richtung Flughafen, lockt **Dänemarks längste Holzbrücke**. Der Hafen des **kleinen Fischerdorfes Arnager** [C8] wurde wegen Versandungsgefahr im Jahr 1884 weit draußen im Meer angelegt. Eine 200 Meter lange Brücke verbindet seitdem den Inselhafen mit dem Festland. Vom Inselhafen erstreckt sich in südlicher Richtung ein **kilometerlanger Sandstrand** an der Bucht entlang bis in den kleinen Fischerort Sose Odde, dessen winziger Hafen bis weit ins Meer hinein gebaut ist. Der Strand ist der ideale Ort für Ruhesuchende, denn die Bucht gehört zu den eher unbekannten Badeorten der Insel.

❯ **Anfahrt:** mit dem Auto oder Fahrrad über die Verbindungsstraße 38, ideal auch als kleine Straßenwanderung ab Rønne; alternativ mit den Buslinien 7 oder 8

es einen großen Parkplatz. In der relativ großen Touristeninformation erhalten Besucher ausführliche Informationen über die Insel in Form von Broschüren und Prospekten, Stadtplänen sowie Karten für Wanderungen und Radtouren. Unterkünfte jeglicher Art können auf der Website des Velkomstcenters gebucht werden.

■ **Fahrradverleih Bornholms Cykeludlejning** <003> Nordre Kystvej 5 (neben der Touristeninformation), Tel. 56951359, www.bornholms-cykeludlejning.dk, geöffnet: Mai–Sept. tgl. 8–18 Uhr. Fahrräder, Mountainbikes, Rennräder, Tandems, Fahrradanhänger für Kinder und Gepäck. Tagesmiete ab 70 dkr.

❯ **Rundgang durch Rønne:** Bei der Touristeninformation ist eine 250 Seiten dicke Broschüre im Taschenbuchformat mit dem Titel „Bornholm kurz & klar/All you need" kostenlos erhältlich. Auf Deutsch, Englisch und Dänisch wird auf den Seiten 36–43 ein Rundgang durch Rønne beschrieben. Das Faltblatt „Rønne – Historical Guide" führt auf Englisch durch den historischen Teil der Stadt.

Unterkünfte

■ **Danhostel Rønne** € <004> Arsenalvej 12, Tel. 56951340, www.danhostel-roenne.dk. **Für die ganze Familie:** Das Hostel mit 29 Räumen (1- bis 8-Bett-Zimmer) befindet sich am Stadtrand auf einem naturgeschützten Grundstück, direkt am Strand. Ins Stadtzentrum sind es 1,5 km, eine Bushaltestelle ist 200 m entfernt. Zur Verfügung stehen: TV-Raum, WLAN, Gemeinschaftsküche, Fahrradverleih, Spielplatz und Minigolf.

■ **Det Lille Hotel** €€ <005> Ellekongstræde 2 b, Tel. 56907700, www.detlilleho tel.dk. **Preiswertes und sympathisches B & B:** Das kleine, familiengeführte Hotel mit 16 Zimmern ist mitten im Zentrum gelegen, nicht weit vom Store Torv. Es verfügt über DZ mit Bad/WC, Zimmer mit Bad/WC auf dem Gang, die günstiger sind, und Familienzimmer. Alle Räume haben WLAN und Flachbildfernseher. Kaffee, Tee und Kakao gibt es gratis zu jeder Tageszeit. Bei schönem Wetter wird das Frühstück im Hof serviert.

❯ **Hotel Skovly** €€ <006> Nyker Strandvej 40, Tel. 56950784, www.hotel-skovly.dk. **Ruhig und persönlich:** Das Hotel liegt 2,5 km nördlich von Rønne mitten im Wald, ca. 125 m vom Strand entfernt. Gewählt werden kann zwischen 20 hübsch eingerichteten DZ (35 m²) mit Bad/WC, zusätzlichem Sofabett und eigener Terrasse mit Gartenmöbeln sowie acht preiswerteren DZ mit Bad/WC. Alle mit Flachbildfernseher. Eigenes Restaurant, kostenloses WLAN, Minigolfplatz und Fahrradverleih. Rad- und Wanderwege sind in unmittelbarer Nähe.

❯ **Radisson Blu Fredensborg Hotel** €€€ <007> Strandvejen 116, Tel. 56904444, www.radissonblu.com/en/hotel-born holm. **Wohlfühlen und genießen:** Das 4-Sterne-Hotel gilt vielen als bestes Hotel der Insel. Es besticht durch seine ruhige Lage direkt am Meer auf halbem Wege zwischen Flughafen und Stadtzentrum. Die 72 Räume und Suiten sind sehr geräumig und komfortabel und besitzen Terrasse oder Balkon mit Meeresblick; Familienzimmer haben eine Kochnische, Studios Küche und Wohnzimmer. Behindertengerechte Zimmer sind vorhanden. Riesiges Frühstücksbuffet, sehr herzliches und hilfsbereites Personal und WLAN im ganzen Haus. Bushaltestelle direkt vor der Tür. Angeschlossen ist das Gourmetrestaurant Di 5 Stâuerna (s. S. 23).

▷ *Von einem Tisch im Café Gustav genießt man den Blick über den Marktplatz der Inselhauptstadt*

Essen und Trinken

■ **Café Gustav** € <008> Store Torv 8, Tel. 56910047, www.cafegustav.dk, geöffnet: tgl. 10–21 Uhr. Einige nennen es Bornholms „hyggeligstes" Café (zum Begriff der „hygge" s. S. 12). Hier gibt es preisgünstiges Frühstück, leckeren Kaffee, Bier vom Fass, Fisch- und Fleischgerichte, allerlei Burger, Salate, Snacks und Sandwiches.

■ **Casa Mia** € <009> Antoniestræde 3, Tel. 56959573, www.casamia-bornholm.dk, geöffnet: Mi.–Mo. ab 16.30 Uhr. Der Pizzabäcker stammt aus Italien und kam aus Liebe zu einer auf Bornholm aufgewachsenen Italienerin auf die Insel. Das Restaurant ist im Stil einer einfachen italienischen Trattoria gehalten. Die Pastaportionen sind groß, die Pizzas so lecker wie in Italien.

❯ **Di 5 Stâuerna** €€€, im Radisson Blu Fredensborg Hotel (s. S. 22), geöffnet: tgl. 17–21.30 Uhr. Das Gourmetrestaurant, das übersetzt „Die 5 Stuben" bedeutet, besteht aus vier hübschen Speiseräumen und einem Kaminzimmer. Es gilt als eine der besten kulinarischen Adressen der Insel. Küchenchef Claus Seest Dam lässt sich von der dänisch-französischen Küche inspirieren und gibt ihr einen Bornholmer Touch. Er verwendet hauptsächlich lokale Produkte, deren Produzenten und Lieferanten er persönlich kennt. Highlight für viele Bornholmer ist das große Fischbuffet mit einer Auswahl von Lachs über Krabben bis hin zu Austern. An ausgewählten Freitagen finden Sushi-Nights statt. Für Vegetarier und Veganer bereitet der Küchenchef auf Anfrage schmackhafte Kreationen zu. Tipp: Falls am Ende der Ferien noch Geld in der Urlaubskasse ist, sollte man sich ein Candle-Light-Dinner in dieser einmalig schönen Atmosphäre gönnen!

■ **MâdaGo** €€ <010> Store Torvegade 29, Tel. 28776040, www.madago.dk, geöffnet: Mo.–Sa. 11.30–16 u. 17–21 Uhr. Originelle Mischung aus Restaurant und Café, moderne Einrichtung in Schwarz-Weiß mit viel Holz und Bildern an den Wänden. Fisch- und Fleischspeisen, lecker zubereitete Salate und Suppen, köstliche Desserts sowie täglich ein vegetarisches Hauptgericht. Auf Wunsch wird auch eine rein vegane Mahlzeit zubereitet. Preiswert ist die Mittagsplatte mit vier kleinen Gerichten und hausgebackenem Brot.

■ **Selma's Home Cooking** €€ <011>
Tornegade 6, Tel. 56953475, www.
restaurantselmas.dk, geöffnet: im Sommer Mo.–Sa. ab 17.30 Uhr. Das kleine familiäre Restaurant ist auf Fisch und Meeresfrüchte spezialisiert, auf Wunsch bekommt man aber auch vegetarische und vegane Speisen. Freitags und samstags gibt es ein preisgünstiges Buffet, Kinder zahlen die Hälfte. Auch ein À-la-carte-Menü ist im Angebot.

Nachtleben

Außer in Rønne ❶ gibt es auf Bornholm **so gut wie kein Nachtleben** – Nachtschwärmer verbringen die Abende gewöhnlich auf der Terrasse ihres Ferienhauses. Hoch her geht es höchstens bei den Musikfestivals (s. S. 100) oder wenn in einer Kneipe Livemusik gespielt wird.

Rønnes Nachtleben spielt sich **rund um den Store Torv** ab, wo jede Menge Cafés, Bars und Kneipen liegen.

■ **Café 18** <012> Krystalgade 18, Tel. 56963853, Facebook-Seite, geöffnet: So.–Do. 7.30–24, Fr./Sa. 7.30–2 Uhr. Im Café 18, das sich selbst die „hyggeligste" Kneipe der Insel (zum Begriff der „hygge" s. S. 12) nennt, gibt es jeden Fr. und Sa. Livemusik sowie täglich zwischen 15 und 17 Uhr Happy Hour.
■ **Musikhuzet** <013> Store Torv 6, Tel. 56959404, Öffnungszeiten und Programm auf www.musikhuzet.dk. In Bornholms Konzerthaus finden pro Jahr über 100 Konzerte statt – ob Rock, Salsa oder Blues, hier ist für jeden etwas dabei.
■ **O'Malley Irish Pub** <014> Store Torvegade 2, Tel. 56950016, Facebook-Seite, geöffnet: Mo.–Fr. 11–24, Sa. 11–2.30 Uhr. Gemütlicher und stets gut besuchter Irish Pub, in dem es auch ab und zu Livemusik gibt.

Einkaufen

■ **Buchhandlung William Dam Bog & Idé** <015> Store Torv 7, Tel. 56950167, www.bog-ide.dk/roenne, geöffnet: Mo.–Fr. 10–17.30, Sa. 9.30–13 Uhr. Erhältlich sind Bücher auch auf Deutsch und Englisch, DVDs, ausführliches Kartenmaterial, Postkarten und Geschenkartikel.
■ **Dansk Outlet Rønne** <016> Ved Lunden 8, Tel. 56950032, www.danskoutlet.dk/roenne, geöffnet: Mo.–Fr. 10–18, Sa./So. 10–14 Uhr. Auf über 1000 m² lassen sich Kleidung und Schuhe für die ganze Familie zu niedrigen Preisen erstehen.
■ **Eva Brandt Keramik** <017> Larsegade 23, Tel. 50904100, www.evabrandt.dk, geöffnet: Mo.–Fr. 13–16 Uhr und nach Vereinbarung. Die Keramikkünstlerin aus Jütland fertigt wunderschöne Werke aus Steingut in klassischen Formen an. Besonderer Blickfang sind die Tassen.

◁ *Wer auf coole Klamotten steht, kommt am Gutemensch nicht vorbei*

■ **Frøken Grønvall** <018> Store Torvegade 14, Tel. 56954343, www.froeken
groenvall.dk, geöffnet: Mo.–Do. 9.30–
17.30, Fr. 9.30–18, Sa. 9.30–13 Uhr.
Die sympathische Conni Grønvall verkauft in ihrer Boutique Damenmode
dänischer Designer, Gürtel, Hüte, Mützen
und Tücher zu günstigen Preisen.

■ **Gutemensch** <019> Store Torvegade 10,
Tel. 56911661, Facebook-Seite, geöffnet: Mo.–Do. 10–17.30, Fr. 10–18, Sa.
10–14 Uhr. Gutemensch ist der Tipp in
Sachen junge Designermode. „Ich bin
ein Bornholmer" (nicht auf Dänisch, sondern tatsächlich auf Deutsch) – so lautet
der Werbeslogan des coolen Klamotten-
ladens, der Bornholm in die Welt hinaus-
trägt. Gegründet wurde Gutemensch im
Jahr 2000 von den Bornholmern Flemming Holmgaard und Jakob Gjetting.
Als Flemming seinerzeit auf der Mode-
woche in Berlin weilte und ihm überall
in der Stadt der Satz „Ich bin ein Berliner" ins Auge fiel, kam ihm die Idee zu
dem Slogan, der mittlerweile nicht nur in
Dänemark für die Insel wirbt. Wer etwas
auf sich hält, trägt ein T-Shirt oder einen
Kapuzenpulli mit dem Aufdruck.

■ **Oste-Hjørnet** <020> Østergade 40 b,
Tel. 56950599, geöffnet: Mo.–Fr.
9–17.30, Sa. 9–13 Uhr. Im Käse-Deli-
katessen-Geschäft von Birgit Gren-Han-
sen gibt es nicht nur Bornholmer Käse,
sondern auch frisch gebackenes Brot
und andere Inselspezialitäten.

■ **Wochenmarkt am Store Torv** <021>
Mi. u. Sa. 10–13 Uhr

❽ Vestermarie Kirke ★★ [C7]

Nördlich von Nylars, im 250 Einwohner zählenden Örtchen Vestermarie,
steht ein **neoromanischer Sakralbau** aus Granit, der 1885 eine mittelalterliche Marienkirche ersetzte,
deren Kanzel und Altarbild noch erhalten sind. Beim Abbruch des alten

Kirchengebäudes fand man sechs
Runensteine (s. S. 27) aus dem
11. Jh., die heute auf dem Friedhof
des Kirchhofes stehen.

❯ Kirkevej 24 k, www.vestermarie.folkekir
ken.dk, geöffnet: Mo.–Fr. 8–16 Uhr

Nyker

In das **kleine Örtchen,** das knapp sieben Kilometer nordöstlich von Rønne ❶ etwas abseits der üblichen
Reiserouten liegt, verschlägt es Urlauber nur selten – und wenn, dann
kommen sie aus zwei Gründen: zur
Besichtigung der **Rundkirche Ny Kirke** ❾ und um gleich daneben in der
**Boutique der Designerin Bente Ham-
mer** auf Shoppingtour zu gehen.

❾ Rundkirche Ny Kirke ★★ [C6]

Mit nur zwei Stockwerken ist die
„Neue Kirche" die **kleinste der vier
Rundkirchen** (s. S. 44) Bornholms.
Sie wurde im 12. Jh. errichtet und gilt
als die jüngste unter den vieren.
Blickfang im Inneren des Gottes-
hauses ist die **Mittelsäule mit eindrucksvollen Fresken** aus dem
13. Jh., die ein dreizehnteiliges Bild-
fries mit Szenen aus der Passionsge-
schichte zeigen. In der Vorhalle stehen ein mit Reliefs verzierter Grab-
stein aus dem Jahr 1648 sowie ein
Runenstein (s. S. 27) mit der Inschrift: „Lo ließ diesen Stein nach seinem Sohn setzen – dem sehr wohl
geborenen Knaben, und nach seinem Bruder. Der heilige Christ helfe
der Seele der beiden Brüder." An der
Wand hängen **Pesttafeln,** die an die
Opfer der Pestepidemien von 1618
und 1654 erinnern. Darunter findet
man weitere Inschriften mit Aufzäh-
lungen der Pesttoten.

❯ Hovedgade 24, www.ny-kirke.dk,
geöffnet: Mo.–Fr. 8–16 Uhr

Einkaufen

> **Bente Hammer** <022> Nyker Hovedgade 32, Tel. 56963335, www.bentehammer.dk, geöffnet: März.–Dez. Mo.–Fr. 10–17, Sa. 10–14 Uhr. Die Designerin und Textilkünstlerin aus dem dänischen Seeland kam 1987 nach Bornholm und eröffnete in einer alten Schmiede ihr Atelier mit Verkaufsraum. Sie ist bekannt für ihre handgedruckten farbigen Stoffe und elegante feminine Mode aus Naturmaterialien. Berühmteste Kundin ist Königin Margrethe II., die bekanntlich bunte Stoffe liebt. Auch wenn man nichts kaufen möchte, ist man im Laden willkommen. Ein Abstecher lohnt sich, wenn man wegen der Rundkirche sowieso schon mal vor Ort ist.

> **Kræmmerhuset** <023> Skarpeskadevej 6, Årsballe, Tel. 56999433, www.123hjemmeside.dk/kraemmerhusetB, geöffnet: März–Okt. Mo.–Fr. 10–17 Uhr, Nov.–März 14–17 Uhr. Kunsthandwerk auf 7000 m² in einem reizvollen alten Gebäude mit Garten, darunter Keramik, Körbe und Patchworkdecken.

☐ *Steinernes Gedenken an die tapferen Vier aus Hasle*

⑩ Hasle ★★ [B5]

Heute das Zentrum des Kunsthandwerks, formierte sich hier Mitte des 17. Jh. der Widerstand gegen die schwedischen Besatzer.

Das **kleine Hafenstädtchen** mit knapp 2000 Einwohnern, elf Kilometer nördlich von Rønne , stand am 8. Dezember 1658 im Zentrum der Politik. Dänemark hatte 1657 nach einem Krieg gegen Schweden unter anderem Bornholm an den skandinavischen Nachbarn abtreten müssen. **Vier Männer aus Hasle** (Poul Ancher, Niels Gumløse, Jens Pedersen Kofoed und Peder Olsen) führten einen **Aufstand gegen die verhassten Schweden** an, der in einem Sieg endete. Dabei behalfen sie sich allerdings eines schlauen Tricks. Als sich der Befehlshaber der schwedischen Truppen von der Festung Hammershus ⑱ nach Rønne aufmachte, um mit den Aufständischen zu verhandeln, erschoss ein übereifriger Rebell den Oberst, noch ehe es zu Verhandlungen kam. Die vier Hasler reagierten blitzschnell. Sie entkleideten den Offizier, steckten einen der Ihren in die schwedische Uni-

020bh-cl

form und ritten zur Festung, wo sie den vermeintlichen Befehlshaber als Geisel vorführten. Die schwedischen Truppen ließen sich täuschen, räumten Hammershus und zogen ab. Am 28. Dezember traten die vier Helden vor den dänischen König Frederik III., um ihm Bornholm zurückzugeben. Als **Nationalhelden** sind sie unvergessen. Ein **Denkmal auf dem Marktplatz (Torvet)** erinnert an die Rebellion und die vier Freiheitskämpfer.

Vor dem 1855 erbauten **Rathaus** im Empirestil steht eine Bronzebüste von König Christian X., dem Großvater von Margrethe II., der amtierenden dänischen Königin. Im Herzen des Städtchens erwartet die Besucher **Grønbechs Gård** ⓫, ein alter Kaufmannshof, der sich heute als Bornholms Zentrum für Kunsthandwerk, Design und Fotografie präsentiert.

Östlich des Ortes, an der Straße nach Klemensker, steht der **höchste Runenstein der Insel** (s. rechts) aus der Zeit um 1100; der **Brogårdstenen**. Mit einer Höhe von fast drei Metern und einer Breite von 1,40 Metern diente er bis 1868 als Brücke über den Baggeå-Bach – übersetzt heißt der Stein „Brückenhof". Er trägt die Aufschrift: „Svenger ließ diesen Stein zum Andenken an seinen Vater Toste und an seinen Bruder Alvlak und an seine Mutter und an seine Schwester errichten."

⓫ Grønbechs Gård ★★★ [A5]

In dem **restaurierten Kaufmannskontor** aus dem 19. Jh. präsentieren lokale, nationale und internationale Kunsthandwerker, Designer und Fotografen auf 1500 Quadratmetern und drei Etagen in wechselnden Ausstellungen ihre Werke, darunter Keramik, Glas, Malerei, Skulpturen, Modeschmuck, Möbel und Accessoires.

KURZ & KNAPP

Runensteine

Die großen Tafelsteine, die mit Runen, den alten **Schriftzeichen der Germanen,** beschriftet sind, stammen aus der **Wikingerzeit** und sind die ersten schriftlichen Zeugnisse Bornholms. Die Steine, die als **Gedenk- und Grabsteine** fungierten, erzählen von Tragödien, großen Kriegern, Schiffsunglücken, Mord und Verrat und geben Einblick in die Lebensweise der Wikinger und in ihre gesellschaftlichen Strukturen. Viele der **40 verbliebenen Runensteine** der Insel wurden im Laufe der Jahrhunderte von ihrer ursprünglichen Position entfernt; heute findet man sie an Eingängen und in Vorräumen von Kirchen, auf Friedhöfen oder in freier Landschaft, wie den **Brogårdstenen** östlich von Hasle ⓾ (s. Foto).

021bh-db

In der zweiten Etage befindet sich eine **Dauerausstellung der Bornholmer Künstlervereinigung ACAB** (Arts & Crafts Association Bornholm), die dem lokalen **Kunsthandwerk Bornholms** (s. S. 108) gewidmet ist.

Kinder dürfen sich in einem **Aktivitätsraum** austoben, wo sie ihre eigenen kreativen Fähigkeiten testen können.

Wer ein **Souvenir** aus Bornholm mit nach Hause bringen will, wird im gut sortierten **Shop** des alten Kaufmannskontors garantiert fündig.

› Grønbechs Gård 4, www.groenbechs gaard.dk, geöffnet: April–Mitte Okt. tgl. 10–17 Uhr, Eintritt: 50 dkr, Kinder bis 18 J. Eintritt frei

⑫ Museumsräucherei Hasle Røgeri ★★ [A5]

Die restaurierte Räucherei am Hafen ist eine der letzten ihrer Art. Eines der fünf Gebäude wurde so erhalten, wie es 1897 erbaut wurde und ist heute ein Museum, das die Geschichte und die große Bedeutung der **Heringsräucherei** für Bornholm im 19. Jh. erläutert. Alte Geräte und Fotos verdeutlichen anschaulich, auf welche Weise sich die silbernen Heringe in Bornholmer Gold verwandelten.

Im Gebäude nebenan können Besucher zusehen, wie frische Heringe verarbeitet werden, ab 11 Uhr werden die Delikatessen im **Restaurant** der Hasle Røgeri (s. S. 29) serviert.

› Søndre Bæk 16–20, Tel. 56962002, www.hasleroegeri.dk, geöffnet: April– Ende Juni u. Mitte Aug.–Ende Sept. tgl. 10–17 Uhr, Ende Juni–Mitte Aug. tgl. 10–21 Uhr, während der dänischen Herbstferien ca. Mitte Okt. tgl. 11– 16 Uhr, Eintritt frei

⑬ Hasle Kirke mit Runenstein ★★ [B5]

Die **kleine gotische Kirche**, die um 1460 als Kapelle errichtet wurde, bekam beim Ausbau 1758 anstelle eines Kirchturms einen Dachreiter aus Fachwerk. Sehenswert im Inneren ist die gotische Altartafel aus der Zeit um 1510 – die älteste ihrer Art auf der Insel.

Auf dem **Friedhof** der Kirche steht der knapp zwei Meter hohe **Runenstein Marevadsten** (s. S. 27) aus der Zeit um 1100, dessen Runen spiralförmig angeordnet sind und in deren Mitte ein Kreuz eingraviert ist.

⌂ Grønbechs Gård ⑪ in Hasle: ein Muss für jeden Kunstliebhaber

Übersetzt bedeutet seine Aufschrift: „Anlak ließ diesen Stein seinem Vater Sasur, einem braven Bauern, setzen. Gott helfe seiner Seele."

Das wohl **berühmteste Grab** auf dem Kirchenfriedhof gehört dem **Bornholmer Tenor Vilhelm Herold** (1865–1937), der seinerzeit als dänischer Caruso galt. Der gebürtige Hasler sang in den berühmtesten Opernhäusern Europas und trat 1893 bei der Weltausstellung 1893 in Chicago auf. Tonaufzeichnungen seiner Arien sind auf Vinyl und CD noch heute im Handel erhältlich. Einige Titel, darunter „In einem fernen Land" aus Wagners Lohengrin, kann man sich auf YouTube anhören.

❯ Kirkegade 4 a, geöffnet: Mai–Okt. Mo.–Fr. 9–15 Uhr

Hasle Strand

Südlich vom Ortsende, im **Waldgebiet Lystskov**, befindet sich ein einladender, langer Sandstrand mit optimalen Badebedingungen. Durch die versteckte Lage hinter dem Strandwald ist er auch in der Hochsaison nie überfüllt. Ein **Parkplatz** mit Toiletten ist am Ende der Straße vorhanden.

❯ **Anfahrt:** mit dem Auto über den Glasværksvej, ab Rønne ❶ mit Bus Nr. 1 bis Haltestelle Fælled

Infos und Reisetipps

❯ **Hasle Turistinformation** <024> im alten Rathaus am Marktplatz, Storegade 64, www.bornholm.info/de/hasle-fremden verkehrsamt, geöffnet: Mai/Juni Mo.–Fr. 9.30–13.30 Uhr, Juli–Mitte Aug. Mo.–Fr. 9.30–15.30, Sa. 10–12 Uhr, Mitte Aug.–Anf. Okt. Mo.–Fr. 9.30–14.30 Uhr, Mitte Okt.–Ostern geschlossen. Infos über Hasle und die Umgebung, auch zu Unterkünften.

❯ **Radtour nach Hasle:** Auf dem **Radweg Nr. 10** kann man von Rønne ❶ nach

Hasle eine der schönsten Küstentouren auf der Insel unternehmen. Die Entfernung beträgt rund 10 km.

Unterkünfte

❯ **Danhostel Hasle** € <025> Fælledvej 28, Tel. 56940011, www.danhostel-hasle. dk. **Wohnen direkt am Meer:** Wählen kann man zwischen 19 Zimmern, darunter EZ, DZ und Mehrbettzimmer für bis zu 5 Personen. Bettwäsche und Handtücher können mitgebracht oder gegen Gebühr gemietet werden. Das Hostel befindet sich gegenüber der Museumsräucherei Hasle Røgeri.

❯ **Hasle Feriepark** €€ <026> H. C. Sierstedsvej 2, Tel. 56964522, www.hasleferie park.dk. **Familienfreundlicher Urlaub:** Im Stadtwald von Hasle befinden sich zahlreiche Ferienwohnungen und -häuser, der Strand ist nur 400 m entfernt. Mit Schwimmbad, Kinderklub, Tennisplatz, Minigolf, Fahrradverleih und Minimarkt.

❯ **Hotel Herold** € <027> Vestergade 65, Tel. 56964024, www.hotelherold.dk. **Preiswert nächtigen:** Das Familienhotel mit Restaurant und 19 Zimmern ist sehr einfach ausgestattet, dafür liegt es mitten im Ortszentrum. Saubere, funktionale Räume, viele mit Balkon. Kostenfreies WLAN in allen Zimmern.

Essen und Trinken

❯ **Café Emajoka** €€ <028> Havnen 8, Tel. 27844745, www.emajoka.dk, geöffnet: Mai–Sept. Mo.–Fr. 11–22, Sa. 11–23 Uhr. Zur Auswahl stehen Sandwiches, Suppen, Salate, Quiches, Torten und Brownies. Kunst an den Wänden und Terrasse mit Hafenblick.

❯ **Restaurant in der Museumsräucherei Hasle Røgeri** ⓬ €, geöffnet: Mai–Sept. tgl. 10–17 Uhr. Geräucherter Hering und andere Fischspezialitäten, dazu Frühstücksbuffet und Mittagessen, bei schönem Wetter draußen mit schöner Aussicht aufs Wasser.

Deutsche im Bornholmer Exil

Der Hamburger Schriftsteller und Orgelbauer **Hans Henny Jahnn** *(1894–1959), der als Mitglied der Radikaldemokratischen Partei nach der Machtübernahme der Nazis ständigen Hausdurchsuchungen ausgesetzt war und nicht länger in Deutschland bleiben konnte, floh 1933 mit seiner Familie zunächst nach Kopenhagen und kam im selben Jahr wegen eines geplanten Essays über Rundbauten erstmals nach Bornholm. Ein Jahr später wurde er Besitzer des Vierseitenhofes Bondegård am Ende des Knarregårdsvej bei Rutsker, nordöstlich von Hasle* ❿*, den er lange Jahre bewirtschaftete. Die Inselbewohner beäugten ihn argwöhnisch. War er etwa ein Spion? Denn kaum waren die Nazis an der Macht, tauchte er auf und erwarb diesen einsam liegenden Hof. Für Jahnn war es die Sehnsucht, „hier ungestört verharren zu dürfen", die ihn nach Bornholm führte. Die Insel war für ihn „ein dem Menschen freundlicherer, vom Festland abgetrennter oder vielleicht auch aus dem Meer aufgestiegener Teil Skandinaviens".*

Auf Bondegård entstand Jahnns Hauptwerk, die über 2000 Seiten lange Romantrilogie „Fluss ohne Ufer", die als eines der wichtigsten Prosawerke des 20. Jh. gilt und unverkennbar den Geist der Insel atmet. Als die Deutschen 1940 Dänemark besetzten (s. S. 16) und Jahnn die wachsende Feindseligkeit der Inselbewohner spürte – er hatte sich nie offiziell gegen den deutschen Staat ausgesprochen –, verpachtete er den Hof und zog sich mit seiner Familie in eine abgelegene Bauernkate zurück. „Ich könnte meine Stellung hier sofort festigen, wenn ich mich in irgendeiner Form gegen den jetzigen deutschen Staat aussprechen würde. Aber das kann ich nicht. Und ich will es auch unter keinen Umständen. Jedes andere Schicksal ist mir lieber, als das eines wirklichen Emigranten", äußerte er sich. In seinen „Bornholmer Aufzeichnungen" beschreibt Jahnn die Klippenlandschaften, die Rundkirchen (s. S. 44) und Bauernhöfe sowie sein Leben als Hofbesitzer, Bauer und Pferdezüchter. Jahnn kehrte erst 1950 nach Deutschland zurück

⓮ Rutskirke ★   [B4]

Der **winzige Ort Rutsker** nordöstlich von Hasle ❿ ist umgeben von Feldern und Gehöften. Ein Abstecher auf dem Weg nach Vang ⓰ oder Allinge-Sandvig ㉑ lohnt sich allein wegen der **Rutskirke**, die auf einem Hügel am Rand des Ortes thront. Der dem Erzengel Michael geweihte romanische Sakralbau, der um 1200 errichtet wurde, ist **die am höchsten gelegene Kirche der Insel**.

Poul Ancher, einer der Hasler Freiheitskämpfer während des Aufstands gegen die Schweden (s. S. 26), war bis zu seinem Tod 1697 Pfarrer in der Rutskirke. Von der Kirchentür aus genießt man einen **fantastischen Blick** über die Felder und die Küste.

❯ Kirkevej 1, geöffnet: Mo.–Fr. 8–15.30, im Sommer bis 16.30 Uhr

▣ *Die Rutskirke – hier predigte einst ein Freiheitskämpfer*

und starb 1959 in Hamburg. Bondegård ist noch in historischem Zustand erhalten, befindet sich jedoch in Privatbesitz und kann daher nur von außen besichtigt werden. Keine Plakette erinnert daran, dass dort einst ein mehrfacher Literaturpreisträger lebte.

Der deutsche Galerist **Herbert von Garvens** (1883–1953) kam erstmals 1930 nach Bornholm, verliebte sich in die Insel und erwarb zwei Jahre später den Hof Abildgård in Sandkås zwischen Tejn ㉔ und Allinge ㉑. Der Fabrikantensohn und Kaufmann war leidenschaftlicher Reisender und Kunstsammler. Nach ausgiebigen Reisen durch Asien im Jahr 1908 traf er in Ostende den Maler James Ensor und begann daraufhin 1910, eine zeitgenössische Kunstsammlung zusammenzustellen, darunter Werke von Kandinsky, Kokoschka, Chagall, Munch, Nolde und Modersohn-Becker. 1920 gründete er in der elterlichen Villa in Hannover die Galerie von Garvens, wo mehrere Jahre lang zeitgenössische Kunst ausgestellt wurde. Nachdem die Garvenswerke 1930 in Konkurs gingen, rettete er seine Sammlung, zog damit ins Ostseebad Prerow im heutigen Mecklenburg-Vorpommern und von dort aus zwei Jahre später nach Bornholm. In den ersten Jahren pendelte er zwischen Deutschland und Dänemark, kehrte jedoch aufgrund der Reichsfluchtsteuer ab 1936 nicht mehr nach Deutschland zurück. In Sandkås führte er ein offenes Haus, in dem Emigranten und dänische Künstler ein- und ausgingen.

Ob sich seine und Jahnns Wege auf Bornholm kreuzten, ist nicht bekannt. Nachdem die Wehrmacht Bornholm besetzt hatte, floh von Garvens nach Kopenhagen und wohnte im Haus des Malers Eli Rasmussen, der zu jener Zeit auf von Garvens Hof Abildgård wohnte. Ab September 1944 lebte er mit gefälschten dänischen Papieren, um bei Kontrollen durch die deutschen Besatzungsbehörden nicht als Deutscher aufzufallen. Nach Kriegsende kehrte von Garvens nach Bornholm zurück, erhielt wenige Jahre später die dänische Staatsbürgerschaft und starb 1953 auf der Insel.

023bh-cl

⑮ Jons Kapel ★★★ [B3]

Es bleibt wohl ein Rätsel, wie es dem irischen Mönch Jon gelang, den Wikingern auf dieser steilen Felsnadel gegen die gewaltige Geräuschkulisse der Brandung das Evangelium zu predigen.

Den spektakulärsten Abschnitt an **Bornholms Westküste** bildet die **Klippenformation** Jons Kapel, die südlich von Vang ⑯ 40 Meter über das Meer emporragt.

Der Legende nach wurde zu **Wikingerzeiten** (s. S. 78) ein irischer Mönch namens Jon nach Bornholm gesandt, um dort das Christentum zu verkünden. Er ließ sich in einer Grotte des Felsens nieder, was auf der Insel schnell die Runde machte. Die ersten neugierigen Inselbewohner kamen, um zu sehen, wer dieser Eremit eigentlich war und was ihn umtrieb. Jon erzählte seinen Besuchern Geschichten aus der Bibel, die so gut ankamen, dass seine Grotte bald überfüllt war. So bestieg er den Felsen, um nun von einem Aussichtspunkt zu predigen, dem **Prædikestolen (Kanzel)**, damit ihn unten an der Uferböschung alle hören konnten. Ob ihn bei der lauten Brandung und den gellenden Schreien der Möwen überhaupt jemand hörte, ist ungewiss. Man erzählt sich, dass er auch zu den Möwen sprach, die zuhauf an den Felswänden der Klippenformation vorbeisegelten.

Zu Jons Kapel führt eine **steile Holztreppe** mit 150 Stufen hinab – und danach mühselig wieder hinauf. Die **herrliche Sicht** auf den gewaltigen Granitfelsen ist die Mühe allemal wert. Über einen gut ausgeschilderten **Fels- und Waldweg** gelangt man zu Fuß zu der Treppe. Die **Höhlen**, in denen der Prediger gelebt haben soll, sind **begehbar**. Allerdings sollte man bei stürmischem Wetter nicht hinabsteigen, da der Wind die Wellen in die Höhlen hineinpeitscht.

❭ **Zugang am Kiosk im Jons Kapelvej 4
❭ **Anfahrt mit dem Auto:** über die Landstraße 159 Richtung Allinge-Sandvig ㉑
❭ **Anfahrt mit dem Bus:** ab Rønne ❶ Linie 10 bis Haltestelle Jons Kapel, dann links in den Jons Kapelvej

◁ *150 Stufen führen hinab zu einem der imposantesten Felsen der Insel: Jons Kapel*

▷ *Das pittoreske Örtchen Vang liegt 12 km nördlich von Hasle ❿*

⓰ Vang ★★ [B3]

Mit rund 20 Fischern und ebenso vie-
len Booten war Vang um 1860 einer
der größten Fischereihäfen der In-
sel. Heute leben in dem idyllischen
Örtchen in Hanglage nur knapp 100
Menschen. Vang ist klein, aber oho,
denn hoch über dem Dorf befindet
sich das Le Port (s. S. 34), eines
der besten Restaurants der Insel mit
spektakulärem Meeresblick.

Als Ende des 19. Jh. in der Umgebung von Vang massiv **Granit** abgebaut wurde, herrschte im Ort eine
ähnliche „Goldgräberstimmung" wie
zur selben Zeit am Klondike in Kana-
da. Vor allem aus dem nahen Südschweden kamen Steinmetze, Hilfsar-
beiter und Tagelöhner auf der Suche
nach Arbeit und Lohn hierhier. Die
Arbeit in den **Steinbrüchen** war hart,
die Bezahlung schlecht und wenn ein
Granitbrocken beim Bearbeiten ver-
sehentlich zerbrach, musste der Ar-
beiter für den Schaden aufkommen.
Bei solchen Arbeitsbedingungen ver-
wundert es nicht, dass Vang sich
binnen kurzer Zeit zum **Zentrum der**
gewerkschaftlich organisierten Ar-
beiterbewegung entwickelte. Die Fi-
schereizunft wurde zweitrangig, denn
der Hafen diente nun der Verschif-
fung von Granitblöcken. Über Jahre
hinweg war Vang der **Drehpunkt des**
Nordbornholmer Steinmetzgewer-
bes. Sogar für den Bau der 18 Kilometer langen Storebæltsbroen (Gro-
ße-Belt-Brücke), die seit 1998 Seeland mit Fünen verbindet, wurde
Granit aus Vang geliefert; zwar roh
und nicht vor Ort verarbeitet, da der
Steinbruch nicht mehr in Betrieb war,
aber immerhin Vang-Granit. 1984
wurde den Steinbrucharbeitern am
Hafen von Vang ein steinernes Denkmal gesetzt. Heute ist der Steinbruch
ein **Naherholungsgebiet.**

Am Südrand des Ortes, am Ringe
bæk, steht eine der letzten Wasser-
mühlen Bornholms: Die denkmal-
geschützte **Vang Vandmølle** wurde
1811 erbaut und war bis 1902 in
Betrieb. Sie lässt sich nur **von außen**
besichtigen.

Mit dem **Fahrrad** sind es von Rønne ❶ nach Vang knapp 20 teils hügelige Kilometer.

025bh-cl

Unterkunft

> **Lyngholt Familiecamping** <029>
> Borrelyngvej 43, Allinge, Tel. 56480574,
> www.lyngholt-camping.dk, geöffnet:
> Mai–Mitte Sept. **Campen mitten in
> der Natur:** Der Ferienpark mit eigener
> Backstube und Forellensee, beheiztem
> Schwimmbecken, Sauna, kleinen Hüt-
> ten, Balkenhäuschen und 20 Mietwohn-
> wagen liegt ruhig in einem Wäldchen im
> Inselnorden. Zahlreiche Wanderwege
> beginnen direkt vor der Haustür, ein
> Fahrradverleih ist vorhanden. Deutsch
> ist kein Problem, denn der Betreiber
> stammt aus Deutschland.

Essen und Trinken

> **Café Misty** €€ <030> Vang 62,
> Tel. 56969040, www.cafemisty.dk,
> geöffnet: tgl. 9–22 Uhr. Den leckeren
> Kuchen und die schmackhaften Sandwi-
> ches verzehrt man am besten auf der Ter-
> rasse mit herrlicher Sicht auf den Hafen.

> **Le Port** €€€ <031> Vang 81, Tel.
> 56969201, www.leport.dk, geöffnet:
> Juni–Ende Aug. tgl. 12–15 u. 18–21.30
> Uhr, April/Mai u. Sept.–Dez. s. Website,
> Jan.–Mitte März geschlossen. Das Res-
> taurant im oberen Ortsteil von Vang ist
> auf dänische Küche mit französischem
> Einschlag spezialisiert, bietet aber auch
> vegetarische und auf Wunsch vegane
> Gerichte an. Das Abendessen ist teurer,
> das Mittagessen jedoch erschwinglich.
> Das Restaurant verfügt über eine fantas-
> tische Außenterrasse und ist einer der
> besten Plätze der Insel, um abends den
> Sonnenuntergang zu genießen. Wer nicht
> im Le Port zu Abend essen möchte, sollte
> sich allein wegen des Sonnenuntergangs
> ein Glas Wein auf der Terrasse gönnen.

⓱ Bornholms Tekniske Samling ★ [B3]

In dem **privaten Hofmuseum** außerhalb von Vang ⓰ befindet sich ein
Sammelsurium aus technischen Ge-
räten und Maschinen aus der Land-
wirtschaft, Requisiten aus traditionellen Handwerkszweigen, Motoren,
Grammofone, Fotoapparate, Computer, Musikinstrumente und sogar ein
Jagdbomber vom Typ Draken. Im **Garten** des Museums laden Tische und
Bänke zum **Picknicken** ein.

> Borrelyngvej 48, an der Straße nach
> Allinge, Tel. 56999980, www.borntek
> samling.dk, geöffnet: Mai–Okt. tgl.
> 10–17 Uhr, Eintritt: 50 dkr

⌂ *Diese Stufen führen hinauf zum
Le Port (franz. „Der Hafen") mit
seiner exzellenten Küche*

▷ *Steine, die Geschichten erzählen:
die Burgruine Hammershus*

Der Norden

Sandstrände gibt es hier nur wenige, dafür aber tosende Wassermassen und jede Menge Abwechslung. Zu den Höhepunkten zählen eine Wanderung über das Granitmassiv Hammerknuden ⓲ und zu der eindrucksvollen Burgruine Hammershus ⓲, ein Ausflug zum Døndalen ㉗, dem zeitweise höchsten Wasserfall Dänemarks, ein Besuch in Bornholms Kunstmuseum ㉘ hoch über der Steilküste und ein Bad im nostalgischen Seebad Sandvig ㉑.

⓲ Burgruine Hammershus ★★★ [B2]

Die verfallene Festung, die majestätisch auf einem Felsplateau hoch über der Ostsee thront, ist Nordeuropas größte mittelalterliche Burgruine.

Bis vor ein paar Jahren ging man davon aus, dass die Burg um 1250 im Auftrag des **Erzbischofs von Lund** zum Schutz gegen die dänischen Könige errichtet worden war. Im Sommer 2007 fand man jedoch gegenteilige Beweise in der Ruine: Ziegelsteine, die so alt sind, dass das Baujahr wohl um 50 Jahre vordatiert werden muss – zumindest für Teile der Burg. Daher nimmt man an, dass die Festung auf Veranlassung von **Dänenkönig Waldemar II.** im Zuge der dänischen Kreuzzüge erbaut wurde. Neuere Forschungsergebnisse aus dem Jahr 2015 haben ergeben, dass Hammershus erst Ende des 13. Jh. fertiggestellt wurde und zwar von Jens Grand, der 1289–1302 Erzbischof von Lund war.

Im Laufe der Jahrhunderte wechselten auf Hammershus mehrfach die Besitzer. Für kurze Zeit fiel die Festung an den dänischen König, danach wieder für 200 Jahre an den Bischof, bis sich im 16. Jh. die königlich-dänischen Machthaber mit der **Lübecker Hanse** als Herren abwechselten. Die Burg diente als Aufbewahrungsort für eingezogene Steuern, nach Abzug der Schweden 1658 als **Staatsgefängnis**, dann als Kaserne für die Garnison der Insel und schließlich als Steinbruch – nach und nach wurde die Festung abgetragen; ihre Steine wurden als Baumaterial überall auf der Insel verwendet.

027bh-cl

Leonora Christina Ulfeldt, Königstochter und Landesverräterin

Die Tochter von Dänenkönig Christian IV. wurde 1621 auf Schloss Frederiksborg bei Kopenhagen geboren. Als Lieblingstochter des Königs erhielt sie schon mit vier Jahren Schreib- und Leseunterricht, lernte Deutsch, Französisch und Latein und wurde in Tanz, Musik sowie Religion ausgebildet. Im Alter von nur neun Jahren wurde sie auf Wunsch ihres Vaters mit dem 24-jährigen Adligen **Corfitz Ulfeldt**, Sohn des dänischen Reichskanzlers, verlobt. Wie sie später in ihrer Autobiografie schrieb, wurde die Verlobung zwar von ihrem Vater bestimmt, aber auch sie selbst hatte sich für den weltgewandten und gebildeten Corfitz entschieden und andere Bewerber abgelehnt. Die Hochzeit von Leonora Christina und Corfitz fand sechs Jahre später, im Oktober 1636, statt.

Die beiden führten ein sorgenfreies Leben in einem Kopenhagener Stadtpalast. In ihrer Autobiografie schreibt die Prinzessin, dass sie Corfitz von Anfang an sehr geliebt habe und dass ihre Ehe überaus glücklich gewesen sei. Da sie darauf bestand, ihrem Mann eine gleichberechtigte Partnerin zu sein, nahm sie Italienisch- und Niederländisch- sowie Gitarren-, Violin- und Malunterricht und erweiterte ihre Lateinkenntnisse. Sie brachte zehn Kinder auf die Welt, von denen drei im Kindesalter starben. Ulfeldt wurde 1643 zum Reichshofmeister ernannt und hatte so nach dem König die zweitwichtigste Position im Land.

Nach dem Tod Christians IV. 1648 war seinem Nachfolger, Leonora Christinas Halbbruder Frederik III., die dominante Stellung seines Schwagers ein Dorn im Auge. Er ließ sämtliche Geschäfte Ulfeldts prüfen, um ihn der Veruntreuung zu überführen. Die Verdächtigungen waren nicht ganz unbegründet. 1651 verließen Leonora Christina und ihr Mann wegen des vergifteten Klimas das Land und lebten als Flüchtlinge in Schweden.

Um sich im Namen ihres Mannes mit Frederik III. auszusöhnen, reiste Leonora Christina 1656 nach Kopenhagen. Der Versöhnungsversuch scheiterte jedoch und Ulfeldt wechselte die Seiten. Er unterstützte 1657 König Karl X. Gustav von Schweden in dessen Krieg gegen Dänemark, erhielt als Dank ein Gut in Malmö und wurde in den schwedischen Adelsstand erhoben. Der Däne hatte sich jedoch mehr erhofft und tat seinen Unmut öffentlich kund, was Karl X. Gustav misstrauisch werden ließ – ganz besonders, als Ulfeldt sich nicht an einem erneuten Angriff gegen Dänemark beteiligte. Er wurde aufgrund des Verdachts der Kollaboration mit den Dänen unter Hausarrest gestellt und wegen Verrats zum Tode verurteilt. Das Urteil wurde jedoch nicht vollstreckt, die Ulfeldts flohen und kehrten nach Dänemark

028bh

zurück. *Dort angekommen, wurden sie sofort vom König auf der Festung Hammershus* ⓲ *interniert. Frederik III. plante nämlich einen Staatsstreich zur Einführung der absoluten Monarchie und wollte nicht riskieren, dass Ulfeldt, noch immer einer der einflussreichsten Adligen des Landes, seine Pläne zunichtemachte. Die Ulfeldts wurden insgesamt 17 Monate gefangen gehalten.*

Im März 1661 versuchte das Ehepaar, sich an zusammengebundenen Bettlaken aus dem Gefangenenturm abzuseilen. Sie wurden aber entdeckt. Ende des Jahres wurden die beiden gegen Abtretung eines Großteils ihrer Güter freigelassen. Ulfeldt musste zudem einen Treueeid auf Frederik III. schwören. Sie lebten danach auf Gut Ellensborg auf der Insel Fünen. Ulfeldt plante, eine Revolte gegen den König anzuzetteln, und reiste deshalb 1662 nach Brügge, wo er Kurfürst Friedrich Wilhelm von Brandenburg den dänischen Thron anbot. Dieser informierte Frederik III., woraufhin Ulfeldt 1663 in Abwesenheit wegen Hochverrats zum Tode verurteilt wurde. Da man Leonora Christina der Beteiligung an den Intrigen ihres Mannes bezichtigte, wurde sie verhaftet und 22 Jahre lang, bis zum Tod von Sophie Amalie, der Frau Frederiks III., im Gefängnis von Schloss Christiansborg eingekerkert. Dort schrieb sie ihre Autobiografie „Jammers Minde" („Leidensgedächtnis"), die als bedeutendstes Prosawerk der dänischen Literatur des 17. Jh. gilt. Corfitz Ulfeldt ertrank am 20. Februar 1664 bei Basel im Rhein. Leonora Christina starb 13 Jahre nach ihrer Freilassung am 16. März 1698.

Die **berühmtesten Gefangenen** auf der Burg waren zweifellos **Prinzessin Leonora Christina** und ihr Mann, **Graf Corfitz Ulfeldt**, die im Jahr 1660 als politische Gefangene auf die Festung verbannt wurden (s. Kasten links). Ein **Schild** weist auf den **verfallenen Mantelturm** hin, in dem sie einsaßen und aus dem sie sogar zu fliehen versuchten.

Beschriftungen informieren die Nutzung der einzelnen Räume und Burgbestandteile. Man erfährt, wo sich das **Brauhaus** und die **Bäckerei** befanden und dass sowohl das Bierbrauen als auch das Backen im Mittelalter in der Verantwortung der Frauen lag. In einer Ecke sind noch die Reste eines runden Backofens erhalten. Im Westflügel, von dem nicht mehr viel übrig ist, waren die Speise- und Aufenthaltsräume der Soldaten untergebracht. Am besten erhalten ist die **Festungsbrücke** aus dem Mittelalter, die über eine sechs Meter tiefe Schlucht führt. Hätte die Regierung nicht eingegriffen und die gigantische Ruine bereits 1822 unter **Denkmalschutz** gestellt, wäre heute nichts mehr von ihr übrig.

Während der Hochsaison veranstaltet **Bornholms Middelaldercenter** ㉟ verschiedene **Events für Kinder** auf Hammershus (Details auf www.bornholmsmiddelaldercenter. dk unter „dies geschieht"/„Hochsaison"). Im August lockt das **Wonderfestiwall** (s. S. 102) scharenweise Besucher hierher.

> Langebjergvej 26, Allinge, geöffnet: ganzjährig rund um die Uhr, Eintritt frei
> **Anfahrt:** Ab Rønne ❶ fahren die Buslinien 2, 7 und 8 bis Hammershus.

◁ *Gemälde der Prinzessin von Kristian Zahrtmann (1887)*

⑲ Hammerknuden ★★★ [B2]

Die felsige Halbinsel, die auch Hammeren genannt wird, gehört zu den größten Touristenattraktionen der Insel. Die nördlichste Spitze Bornholms ähnelt einem Hammerkopf – so kam sie zu ihrem Namen.

Auf dem Gebiet, das eine knapp zwei Quadratkilometer große Fläche felsiger Granitformationen mit Höhlen umfasst, befindet sich der 13 Meter tiefe **Hammersø**, mit einer Länge von 650 Metern und einer Breite von 150 Metern der **größte See Bornholms**. Entstanden ist er nach der letzten Eiszeit, als sich eine durch Gletscher geschaffene Vertiefung mit Wasser füllte. Unmittelbar daneben liegt der kleine, opalfarbene **Opalsø**, der 1970 in einem stillgelegten Granitsteinbruch künstlich angelegt wurde.

Direkt an der Küste entdecken Besucher **Salomons Kapel**, eine Kirchenruine aus dem 14. Jh., die der Erzbischof von Lund errichten ließ. Der Name geht auf den Dominikanermönch Salomon von Köln zurück. Teile des Mauerwerks und das Eingangstor sind noch erhalten.

Sehenswert ist zudem der **älteste Leuchtturm** der Insel: **Store Fyr** („Großer Leuchtturm"), auch bekannt unter dem Namen **Hammer Fyr**, der 1872 in Betrieb genommen wurde und 21 Meter in die Höhe ragt (s. Foto S. 4). Die **Aussichtsplattform** des 1990 abgeschalteten Leuchtturms ist frei zugänglich. Bei guter Sicht kann man bis ins 37 Kilometer entfernte Schweden schauen.

Den nördlichsten Punkt des Hammeren bildet die **Landzunge Hammerodde**, wo der weiß getünchte **Leuchtturm Lille Fyr** („Kleiner Leuchtturm"), auch **Hammerodde Fyr** genannt, mitten in den Felsen steht. Der 12 Meter hohe Turm wurde 1895 in Betrieb genommen und er ist, im Gegensatz zu seinem großen Bruder, **nicht öffentlich zugänglich**. Ein ausgeschilderter Wanderweg führt rund um den Hammerknuden (s. Wanderung 1 auf S. 90).

> **Salomons Kapel** <032>
> **Store Fyr (Hammer Fyr)** <033>
>   Fyrvej 15, www.hammerfyr.dk,
>   geöffnet: Ostern–Mitte Okt., Eintritt frei

⑳ Steinbruchmuseum Moseløkken ★★ [C2]

Der **Steinbruch** liegt ca. 1 km von der Burgruine Hammershus ⑱ entfernt. Das **Museum** befindet sich im früheren Wohnhaus des Vorarbeiters, das selbstverständlich aus Granit gebaut wurde. Anhand von Gesteinsproben, diversen Werkzeugen und Filmen wird die **Geschichte des Bornholmer Granitabbaus** (s. S. 114) dokumentiert.

Moseløkken ist einer der wenigen Granitsteinbrüche der Insel, in dem sogar noch ab und zu gearbeitet wird. **Besucher** erhalten hier die einmalige Möglichkeit, sich selbst als **Granithauer** zu betätigen. Dazu bekommen sie von einem Angestellten des Museums Werkzeug und Sicherheitsausrüstung und den geeigneten Platz zugewiesen. Aufgrund der großen Verletzungsgefahr ist es jedoch sehr wichtig, dass alle Anweisungen und Sicherheitsvorkehrungen genauestens befolgt werden. Eigenversuche erfolgen auf eigene Verantwortung.

▷ *Buntes Treiben beim Markttag in Allinge*

Während der Hochsaison finden diverse **Vorführungen** statt, zum Beispiel wird ein Steinblock nach alter Tradition bearbeitet. Informationen dazu liefert die Website des Museums unter dem Menüpunkt „Aktiviteter".

❭ **Moseløkken Arbejdende Stenbruds-museum**, Moseløkkevej 9, Allinge, www.moseloekken.dk (nur auf Dänisch), geöffnet: April–Okt. Mo.–Fr. 9–16 Uhr, Eintritt: 70 dkr, Kinder über 13 J. 60 dkr

㉑ Allinge-Sandvig ★★★ [C2]

In dem malerischen Doppelstädtchen am Meer nahm der Tourismus auf Bornholm im ausgehenden 19. Jh. seinen Anfang.

Sandvig ist ein **Fischerdorf** mit schönen Fachwerkhäuschen an der **Nordspitze** der Insel. Mit dem südlich liegenden **Nachbarort Allinge** ist Sandvig im Laufe der Jahre zu einem Ferienort zusammengewachsen. In dem Doppelort gibt es nach wie vor die meisten Hotels und Pensionen auf der Insel. An der felsigen Küste

verbrachten die ersten Sommergäste aus dem Wilhelminischen Deutschland (1890–1914) ihren Badeurlaub – so avancierte der Ort bald zum **beliebtesten Seebad der Insel.** Nostalgische Hotelfassaden am Hafen erinnern an die Anfangstage des Fremdenverkehrs. Bei ihrem Anblick fühlt man sich ein bisschen zurückversetzt in diese längst vergangenen Tage. Das tatsächlich älteste noch erhaltene Hotel ist die **Pension Klostergaarden** in Allinge (s. S. 41) aus dem Jahr 1901. Nur wenige Schritte vom Hafen entfernt liegt der von Granitfelsen eingerahmte **Sandstrand** mit einer **Strandpromenade**, wie man sie von Badeorten an der italienischen Riviera kennt. Am südlichsten Punkt der Promenade steht die imposante ehemalige **Ratsstube**, die heute als **Kultur- und Bürgerhaus** dient.

Viele Sehenswürdigkeiten gibt es in der weniger als 1600 Einwohner zählenden Doppelortschaft nicht. Wer hierher kommt, verbringt seine Zeit mit **Baden** in den Sandbuchten oder mit **Wandern.**

🲢 Allinge Kirke ★★ [C2]

Die **leuchtend gelbe Kirche** ist das **Wahrzeichen** von Allinge 🲡. Sie wurde 1569 als Kapelle gebaut und 1892 erweitert. Das Kruzifix in der Nähe des Taufbeckens ist aus der Zeit um 1520, die Kanzel mit dem Monogramm Frederiks III. stammt von einem Schiff, das 1650 an der Nordküste gestrandet ist und einer der Kronleuchter soll ein Original aus der Burgruine Hammershus 🲘 sein.

An der südlichen Wand des Querschiffs befinden sich **zwei Gedenktafeln** zur Erinnerung an die Besuche dänischer Könige auf Bornholm. Im Eingangsbereich stehen die **Grabsteine** von Blasius von Wickeden, der 1543–47 Hauptmann auf Hammershus war, und Arxat Albrecht Boitin, Sohn des nachfolgenden Hauptmanns, der 1556 mit nur eineinhalb Jahren starb. Hier hängt auch die **Pesttafel,** die sämtliche Pestopfer der Insel aus der Zeit der Epidemien 1618 und 1654 aufführt. Blickfang vor der Kirche ist die Skulptur „Metamorphose" des Bornholmer Künstlers Arne Ranslet, welche die Verwandlung des Menschen zum Engel symbolisiert.

> Kirkeplads 5, Allinge, geöffnet: Mo.–Fr. 8–16, Sa. 8–12 Uhr, im Winter Mo. geschlossen

🲣 Felszeichnungen Madsebakke ★★★ [C2]

Auf der **Anhöhe Madsebakke,** genau zwischen Sandvig 🲡 und Allinge, befindet sich Dänemarks größte Felsfläche mit Zeichnungen und Symbolen **aus der Bronze- und Eisenzeit.** Attraktion sind zwölf Felszeichnungen mit **Schiffsmotiven,** von denen einige Ähnlichkeit mit dem ältesten Schiff Skandinaviens aus dem Jahr 350 v. Chr. haben, das 1921 auf der Insel Als ausgegraben wurde.

Die Felszeichnungen befinden sich auf einer **glatten Klippenpartie,** die man von Sandvig und Allinge aus leicht zu Fuß oder mit dem Rad erreichen kann. Ab der Burgruine Hammershus 🲘 weisen Schilder die Richtung.

▷ *Der kleine Næs Strand in Allinge wird von Felsen umrahmt*

▽ *Die Felszeichnungen Madsebakke sind frei zugänglich*

031 bh-vd@Tilhører

❭ **Anfahrt mit dem Auto:** An der Grenze zwischen Sandvig und Allinge führt ein Wegweiser mit der Aufschrift „Helleristninger" („Felszeichnungen") in den Stadionvej und den Hügel hinauf zu einem Parkplatz.

❭ **Anfahrt mit dem Bus:** Ab Rønne ❶ fahren die Buslinien 2, 7 und 8 bis Allinge-Sandvig.

Strände

Sandvig Strand, der **nördlichste Strand Bornholms** liegt in einer Bucht und versprüht mit seinen klassischen Badehotels, der Strandpromenade und den rötlich schimmernden Granitfelsen einen wahrhaft **mediterranen Charme.** Zwischen dem Sand liegen felsige Stellen, die besonders bei Kindern zum Klettern beliebt sind. Der Meeresboden ist größtenteils sandig, mit einigen Felsen durchsetzt und fällt relativ schnell ab. **Parkplätze** gibt es in Strandnähe.

Am **Südrand von Allinge** erstreckt sich der **Næs Strand** zwischen den Granitfelsen, ein Ministrand von knapp hundert Metern Länge mit grobkörnigem Sand. Im Wasser dominieren Sand und algenbewachsene Felsen. Hier macht **Schnorcheln** Spaß!

❭ **Sandvig Strand,** Sandlinien 26
❭ **Næs Strand,** Løsebækgade/Ecke Åsbakken, nicht weit vom Allinge Badehotel

Infos und Reisetipps

❭ **Allinge Turistinformation** <034> Kirkegade 4, Allinge, Tel. 56486448, www.bornholm.info/de/landmark/ allinge-fremdenverkehrsamt, geöffnet: ganzjährig Mo.–Fr. 10–16, im Sommer auch Sa. 10-16 Uhr. Hier kann man auch Euro in Kronen wechseln.

Unterkünfte

❭ **Allinge Badehotel Byskrivergaarden** € <035> Løsebækgade 3, Allinge, Tel. 56480886, www.allingebadehotel.dk. **Überzeugt durch seine Lage:** Das Hotel in einem schmucken Bauernhof aus dem 18. Jh., dessen Stallgebäude zu Zimmern umgebaut wurden, residiert im südlichen Teil von Allinge direkt am Meer. Schöner Garten und Innenhof. Freies WLAN.

❭ **Hotel Pension Klostergaarden** €€ <036> Østergade 7, Allinge, Tel. 56480167, www.pension-klostergaarden.dk. **Echte Idylle:** Die älteste Pension Bornholms ist in einem ehemaligen Fachwerkhof untergebracht und befindet sich nur 50 m vom Strand entfernt. EZ, DZ und Familienzimmer, Selbstbedienungscafé und lauschiger Garten. Kostenfreies WLAN.

> **Hotel Sandvig Havn** € <037> Strandpro-
menaden 5, Allinge, Tel. 56480301,
www.sandvighavn.dk. **Optimales Preis-
Leistungs-Verhältnis:** Das einfache
Badehotel mit der klassischen Fassade
verfügt über 21 Zimmer und steht direkt
am Hafen von Sandvig. Kostenloses
WLAN im öffentlichen Bereich.
> **Hotelpension Langebjerg** €€ <038> Lan-
gebjergvej 7, Sandvig, Tel. 56480298,
http://deutsch.langebjerg.dk. **Persönlich
und ländlich:** Die behagliche Pension mit
hellen Räumen residiert im schmucken
Sandviger Bahnhofsgebäude aus dem
Jahr 1912 mit Aussicht auf das Meer
und die Halbinsel Hammeren. Neben EZ
und DZ gibt es je zwei Ferienwohnungen
im Garten und am Strand für vier Personen, darunter eine für sechs Personen. Im
4000 m² großen Garten stehen den Gästen eine Sonnenterrasse, Liegestühle und
ein Grill zur Verfügung. Fahrräder können
im Hotel gemietet werden. Computer und
kostenloses WLAN in der Lobby.
> **Pension Sandbogaard** €€ <039>
Landemærket 3, Allinge, Tel. 56480303,
www.pensionsandbogaard.dk. **Vierbeiner willkommen:** Gerüchten nach
wurde das Haus um 1802 mit Steinen
der Festung Hammershus errichtet und
diente dem Wärter des damals neuen,
mit Kohle betriebenen Leuchtturmes
auf Hammeren als Hauptsitz und Stall.
Es gibt Zimmer mit und ohne Bad sowie
eine Ferienwohnung für max. drei Personen. Kostenloses WLAN in den öffentlichen Bereichen.

Essen und Trinken

> **Det Gamle Posthus** €€ <040> Kirkegade 8,
Allinge, Tel. 56481042, www.detgam
leposthusallinge.dk, geöffnet: im Sommer tgl. 12–16 u. ab 17.30 Uhr. Im historischen Posthaus befindet sich seit
2006 ein elegantes Restaurant mit Terrasse. Bornholmer Hausmannskost mit
internationalem Einschlag, vegetarische

Gerichte auf Wunsch. Das Haus stammt
aus dem 18. Jh., ab 1905 befand sich
hier 100 Jahre lang das Postamt von
Allinge-Sandvig.
> **Ella's Restaurant og Konditori** €€
<041> Strandgade 42, Sandvig, Tel.
56480329, www.ellasrestaurant.dk,
geöffnet: tgl. 12–21 Uhr, Sept. Mi.
geschlossen. Das Café mit Gartenlokal
logiert in einem Landhaus aus dem Jahr
1820 und ist quasi eine Institution auf
Bornholm: Es ist das älteste Café dieser
Art auf der Insel. Betritt man die Räume
mit alten Bauernmöbeln und Antiquitäten, hat man das Gefühl, in eine längst
vergangene Zeit einzutauchen. Ella Mau-
ritsen gründete das Kaffeehaus 1952.
Ihr Porträt hängt an der Wand des großen
Gastraums. Es werden nicht nur Kaffee
und Kuchen serviert, sondern auch kalte
Gerichte und Fisch.
> **Høiers Iscafé** € <042> Høiers Gaard 7,
Allinge, Tel. 56482290, http://hoei
ersiscafe.cloud9.tangora.com, geöffnet: im Sommer Di.–So. 10–24 Uhr,
im Herbst/Winter 11–17 Uhr. In dem
gemütlichen Café mit großer Terrasse
zum Hafen sind preiswerte und schmackhafte Sandwiches, *smørrebrød* (belegte
Brote), warme Gerichte, Salate, frisch
gebrühter Kaffee und Eis zu haben.
> **Margeritten** €€ <043> Kirkeplads 1 b,
Allinge, Tel. 56482209, www.marge
ritten.dk, geöffnet: Mai–Okt. tgl. ab 17
Uhr. Küche mit Bornholmer Spezialitäten, aber auch Steinofenpizza, gut sor-
tierte Salatbar und ausgesuchte Weine.
Familiäre und freundliche Atmosphäre.
Das Restaurant mit Straßenbestuhlung
ist nicht zu übersehen – es liegt mitten in
Allinge auf dem Kirchplatz mit Blick auf
den Marktplatz.

▷ *Das Stammershalle Badehotel –
ein Juwel an der Küstenstraße*

❯ **Nordbornholms Røgeri** €€ <044> Kæm-
pestranden 2, Allinge, Tel. 56480730,
www.nbr.dk, geöffnet: Ende März–Okt.
tgl. 11–21 Uhr. Fischliebhaber sind hier
goldrichtig. Großes Fischbuffet, u. a. mit
geräuchertem Hering, Lachs, Aal, Forelle
und Makrele, Shrimps, Fischfrikadellen,
Kartoffel- und anderen Salaten. Zahlreiche Innenplätze sowie Terrasse am Meer.

Einkaufen

❯ **Bornholmer Butikken** <045> Havne-
gade 21, Allinge, Tel. 56480709, www.
bornholmerbutikken.dk, geöffnet: Mo.–
Do. 10–19, Fr. 10–20, Sa. 10–18, So.
11–17 Uhr. Hier gibt es fast alles, was

das Herz begehrt: originelle Souvenirs,
lokales Kunsthandwerk, Schmuck und
Kulinarisches. Angeschlossen ist ein
Café mit Bestuhlung im Hinterhof.

❯ **Danish Only** <046> Kirkeplads 3, Allinge,
www.danishonly.com, die Öffnungszeiten variieren, Details s. Website. Kleiner
Laden mit Gebrauchskunst, Accessoires,
Spielzeug und Kleidung in dänischem
Design. Inhaberin Gabi Schwarzenburg
stammt aus Deutschland und lebt seit
vielen Jahren auf Bornholm.

❯ **Markt am Hafen von Allinge** <047>
geöffnet: Mi. 9–14 Uhr. Neben Bioprodukten, Kräutern und Strickwaren werden auch Flohmarktartikel feilgeboten.

Stammershalle Badehotel

Das prachtvolle Badehotel in einer Land-
villa aus dem Jahr 1911 verströmt den
Charme einer längst vergangenen Zeit.
Direkt an der Felsküste zwischen Allinge ㉑
und Gudhjem ㉚ gelegen, wird es von den
Besitzern mit viel Liebe geführt. Das Haus
wurde 1911 für einen deutschen Kaufmann als Sommerresidenz erbaut, seit den
1930er-Jahren nutzte es dieser als Hotel
und ließ seine Gäste eigens von Berlin nach
Rønne ❶ einfliegen. Hinter dem Haus
errichtete der Besitzer einen kleinen Zoo,
in dem sich allerlei Tiere, darunter auch

Löwen und Bären, tummelten. Die Überreste der Bärenhöhlen sind heute noch zu
sehen. Das Hotel verfügt über 16 helle,
skandinavisch eingerichtete Zimmer mit
Meeresblick, Korbmöbeln und sehr beque-
men Betten. Zum Hotel gehört **Lassen's
Restaurant** (s. S. 106), das bei den Bornholmern für seine kreative Küche bekannt
ist. Kostenloses WLAN, Outdoor-Pool und
Fahrradverleih.

❯ **Stammershalle Badehotel** €€€ <048>
Søndre Strandvej 128, Gudhjem,
Tel. 56484210, www.stammershalle-
badehotel.dk

032bh-cl

Weiß und wehrhaft – Bornholms Rundkirchen

Auf Bornholm gibt es insgesamt vier Rundkirchen: Sankt Ols Kirke **25**, *Østerlars Kirke* **34**, *Nylars Kirke* **59** *und Ny Kirke* **9**. *Die Kirchen wurden zwischen 1150 und 1250 aus Bornholmer Granit errichtet. Über den ursprünglichen Zweck der Rundkirchen ist man sich uneinig. Viele Historiker gehen davon aus, dass sie zu Wehrzwecken gebaut wurden, da ihre Form den Verteidigern eine bessere Rundumsicht bot, andere sehen in den runden Gebäuden Sonnentempel und astronomische Observatorien. Fest steht jedoch, dass sie nicht nur als Gotteshaus dienten, sondern mit ihren Wehranlagen auch Schutz vor feindlichen Überfällen boten. Ihre Lagerräume wurden zudem als Speicher für Getreide benutzt.*

Alle vier Rundkirchen leuchten in einem so strahlenden Weiß, dass sie schon von Weitem sichtbar sind. Damit das auch so bleibt, müssen sie nach einem alten Brauch jedes Jahr vor Pfingsten neu gestrichen werden.

Aufgrund des runden Grundrisses, wie man ihn auch von französischen Tempelritterkirchen kennt, entstand die Theorie, es gäbe eine Verbindung zu diesem Orden. Bestätigt werden konnte dies allerdings nie.

Übrigens wurden einige Szenen des dänischen Jugendfilms „Der verlorene Schatz der Tempelritter" (2006) in den Rundkirchen Bornholms gedreht. Im Film begibt sich eine Gruppe 12-Jähriger auf die Spuren der Kreuzritter, die im Mittelalter auf der Insel gelebt haben sollen.

Hinweise auf den legendären Schatz der Tempelritter vermuten sie in einer der Rundkirchen. So steht der schwere Stein, der im Film zur Seite gedreht werden muss, in der Sankt Ols Kirke; zum finalen Showdown kommt es in der Østerlars Kirke.

24 Tejn ★ [D3]

In dem **kleinen Küstenort** befindet sich der nach Rønne **1** und Nexø **42** **drittgrößte Fischereihafen der Insel.** Ende April geht am Hafen von Tejn jährlich eines der größten Ereignisse der Insel über die Bühne, das mehrtägige **Trolling Master Bornholm** (s. S. 100).

In **Stammershalle,** ca. einen Kilometer südlich von Tejn, finden sich an der Steilküste über dem Meer eine Reihe von **Begräbnisstätten** aus der Bronze- und Eisenzeit mit den unterschiedlichsten Steinsetzungen. Im angrenzenden **Wäldchen Troldskoven** stehen mehrere **Bautasteine** (s. S. 60) sowie eine **Schiffs-**setzung. Dabei handelt es sich um eine bootförmige Steinsetzung aus Bautasteinen, die Urnen- bzw. Brandgräber markiert. Diese besondere Anordnung der Steine symbolisiert das Schiff, das die Verstorbenen ins Reich der Toten bringen soll.

Zwischen Tejn und Allinge **21** liegt das kleine Örtchen **Sandkas,** wo sich zwischen Felsformationen der gleichnamige **Sandstrand** erstreckt.

25 Rundkirche Sankt Ols Kirke ★★ [C3]

Mit einer Gesamthöhe von 26 Metern ist die festungsartige Kirche die **höchste der vier Rundkirchen Bornholms** (s. oben). Sie stammt aus dem

Jahr 1150 und ist nach dem norwegischen König Olav II. Haraldsson (995–1030) benannt, heute bekannt als **Olav der Heilige.** Ihm ist eine Figur auf dem Giebel des Waffenhauses gewidmet. Der Innenraum ist mit einem prachtvollen Altar, einem Votivschiff und verschiedenen Malereien ausgestattet. Die Kirche mit **drei Stockwerken,** einer eigentümlichen Dachkonstruktion und einem freistehenden Glockenturm befindet sich auf einer 110 Meter hohen **Anhöhe** am Rande von Olsker.

Die Sankt Ols Kirke ist an ihren ein Meter breiten **Schießscharten** im umlaufenden Mauerwerk unter dem Dach eindeutig als **Wehrkirche** zu erkennen. Der zweite Stock wurde als Schutzraum für die Bevölkerung genutzt, in Friedenszeiten lagerten die Bauern hier ihr Korn.

Olsker selbst ist ein kleines Straßendorf, das etwa fünf Kilometer südwestlich von Allinge **㉑** zu finden ist. Die sehenswerte Sankt Ols Kirke ist einen Abstecher wert, beispielsweise auf der Fahrt von Allinge nach Gudhjem **㉚**.

› Lindegårdsvej 2, geöffnet: Mai–Sept. Mo.–Fr. 10–13 u. 13.30–17 Uhr, zweite April- und erste Oktoberhälfte Di.–Do. 10–13 Uhr, Spendenempfehlung: 10 dkr

㉖ Rø Plantage ★★ [D5]

Ein **Geheimtipp für Naturfreunde** ist das **hügelige Waldgebiet** mit Spaltentälern nördlich von Østerlars, mit 593 Hektar der zweitgrößte staatliche Wald auf Bornholm. Die Rø Plantage wurde in den Jahren 1866–75 mit Kiefern, Lärchen, Tannen und Birken

angelegt und wird heute vom Forstamt Bornholm verwaltet. Hier trifft man kaum Menschen, selbst in der Hochsaison sind höchstens ein paar Angler unterwegs, die an dem **künstlich angelegten See** im Søndre Borgedal auf Fischfang sind. Im Wald gibt es gut ausgeschilderte **Wanderwege** für Wanderungen zwischen einer und drei Stunden.

› **Anfahrt mit dem Auto:** Auf der Straße von Gudhjem **㉚** nach Østerlars biegt man nach etwa 1 km in den Sigtevej ein und fährt auf diesem 3 km weiter. Die Rø Plantage ist ausgeschildert.

› **Anfahrt mit dem Bus:** Die Linie 2 fährt ab Rønne **❶**, die Linie 4 ab Gudhjem **㉚** nach Rø bis zum Klemenskervej. Von dort ist es eine kurze Wanderung zur Plantage.

㉗ Wasserfall Døndalen ★★ [D4]

Im **Døndal** („Donnertal"), dem bekannten **Spaltental** an der Nordküste Bornholms, stürzt der **höchste Wasserfall Dänemarks** bis zu 20 Me-

033bh-cl

▷ *In der Felsschlucht Døndal erlebt man den „donnernden" Wasserfall*

ter tief ins Tal. Im Wald, der ein bisschen an einen Märchenwald erinnert, folgt man dem kleinen Bach, vorbei an moosbewachsenen Steinen, steilen, schroffen Felswänden, Farnen und kleinen Holzbrücken, die sich über den Bach spannen. Aber man muss schon genau hinsehen: Mitunter übersieht man den Wasserfall vor lauter Bäumen und weil er so klein ist, ganz besonders **im Sommer,** wenn der Bach fast ausgetrocknet ist und an den Felsen statt des Wasserfalls nur ein **dünnes Rinnsal** herabplätschert.

Die beste Zeit, den Døndalen in seiner vollen Pracht zu erleben, ist daher der **Zeitraum von Herbst bis Frühling,** wenn der Bach ausreichend Wasser führt. Der Wasserfall gab dem Tal übrigens seinen Namen. Wenn das Wasser im Winterhalbjahr auf die Felsen herunterdonnert, sagen die Bornholmer „Det dønnar": „Das donnert".

> **Anfahrt mit dem Auto:** Auf der Küstenstraße nach Tejn ㉔ weist ein Schild auf den Weg ins Landesinnere zum Wasserfall. Vom Parkplatz an der Straße sind es ca. 20 Min. zu Fuß.
> **Anfahrt mit dem Bus:** Linie 2 ab Rønne ❶, ab Gudhjem ㉚ Linie 8 bis Haltestelle Døndalen in der Nähe des Parkplatzes

㉘ Bornholms Kunstmuseum ★ ★ ★ [D4]

Der avantgardistische Bau des 1993 von Königin Margrethe II. eröffneten Museums in unmittelbarer Nachbarschaft zum Granitfelsen Helligdomsklipperne ㉙ präsentiert auf über 4000 Quadratmetern und drei Ebenen die Perlen der Bornholmer Malerei und des Kunsthandwerks.

Schwerpunkt der Sammlung sind Werke aus der sogenannten **Bornholmer Schule** (s. S. 47) mit Gemälden des in Gudhjem ㉚ beheimateten **Oluf Høst** (s. S. 50), von Edvard Weie, Olaf Rude, Niels Lergaard und Kræsten Iversen. Weitere Teile der Sammlung präsentieren mit Malerei, Skulpturen und Kunsthandwerk ein abwechslungsreiches Bild des Kunstlebens auf der Insel. Im Erdgeschoss wird Malerei bis zum Beginn des 20. Jh. gezeigt – nicht unbedingt Bornholmer Kunst, aber Werke von Künstlern, deren Weg Bornholm gekreuzt hat, wie beispielsweise die dramatischen Küstenbilder des Skagen-Malers Holger Drachmann. Einer der ersten Skagen-Maler war der auf Bornholm geborene **Michael Ancher,** dessen Gemälde „Am Krankenbett der Großmutter" eines der wenigen

034bh-cl

◁ *Schlichte, klare Formen: Bornholms Kunstmuseum*

Bilder ist, die er auf Bornholm gemalt hat, bevor er nach Skagen ging – heute hängt es hier im Kunstmuseum.

Einen **Audioguide** auf Deutsch kann man sich ausleihen: So erfährt man über Kopfhörer alles Wissenswerte zu den Künstlern und ihren Werken, kleine Anekdoten über ihr Leben und die Gründe, die sie nach Bornholm führten. Durch das gesamte Museum plätschert in einem Rinnsal neben den Treppen Wasser; es stammt aus der **Heiligtumsquelle „Helligdomskilden"**, die im Mittelalter für ihre heilende Kraft bekannt war.

Im **Museumscafé** gibt es zu Mittag preiswerte Suppen, Sandwiches, Salate und hausgemachtes Brot.

› Otto Bruuns Plads, Gudhjem, www. bornholms-kunstmuseum.dk, geöffnet: April/Mai u. Sept./Okt. Di.–So. 10–17 Uhr, Juni–Aug. tgl. 10–17, Do. bis 21 Uhr, Nov.–März Do./Fr. 13–17, Sa./So. 10–17 Uhr. Eintritt: Erw. 70 dkr, erm. 50 dkr, Kinder unter 18 J. Eintritt frei

› **Anfahrt:** Buslinien 1, 2, 4, 7 und 8 bis Helligdommen

㉙ Helligdoms-klipperne ★★★ [E3]

Die **wohl eindrucksvollste Felsformation der Insel** lockt ganz in der Nähe von Bornholms Kunstmuseum ㉘, an der Küstenstraße zwischen Tejn ㉔ und Gudhjem ㉚. Die Felsen, die auch **Helligdommen** („Heiligtum") genannt werden, ragen bis zu 22 Meter über dem Meer auf.

Im Mittelalter dienten die Klippen als **Wallfahrtsort**, der in der Johannisnacht, die in Dänemark **Sankt Hans** (s. S. 100) heißt, aufgesucht wurde.

⌃ *Die Helligdomsklipperne sind eines der beliebtesten Fotomotive der Insel*

Heute kann man auf einem **Treppenpfad** hinabsteigen und die Klippen aus der Nähe betrachten.

Am schönsten erlebt man die imposanten Felsen allerdings vom Boot aus: Ab dem **Hafen von Gudhjem** ㉚ fährt in der Sommersaison das **Touristenboot MS Thor** zu den Felsen.

› **Anfahrt:** s. Bornholms Kunstmuseum ㉘

› **MS Thor,** verkehrt Mitte April–Mitte Okt. vom Gudhjemer Hafen, Fahrpreis: Hin- und Rückfahrt 100 dkr, Infos: www.ms-thor.dk

Die Bornholmer Schule

Hinter dem Begriff steht eine **Gruppe von skandinavischen Malern,** die wegen des **sagenhaften Lichts** zum Malen an die Ostküste Bornholms kamen – es gilt hier als besonders intensiv und warm und lässt die **Farben** kräftiger erscheinen als anderswo auf der Insel. Mit ihren Werken bestimmten die Maler ab 1910 zwanzig Jahre lang die Szene und sorgten für internationales Aufsehen. Die Künstler waren weder durch einen Stil noch durch eine Tradition verbunden. Die einzige Gemeinsamkeit bestand darin, dass sie auf Bornholm malten. Unter der Künstlergemeinschaft, zu der auch der Kopenhagener Edvard Weie und der Schwede Karl Isakson gehörten, befand sich nur ein einziger gebürtiger Bornholmer: **Oluf Høst** (s. S. 50).

Der Osten

Ein Bummel durch die verwinkelten Gassen des farbenfrohen Örtchens Gudhjem ③⓪ *und Ausflüge nach Svaneke* ③⑧ *sowie in das idyllische Waldgebiet Almindingen* ③⑥ *– das alles lässt sich an einem Tag erleben. Die Orte liegen nur wenige Kilometer voneinander entfernt und sind bequem mit dem Auto, dem Bus und bei guter Kondition auch mit dem Fahrrad zu erreichen.*

③⓪ Gudhjem ★★★ [F4]

Mit seinen Felsen und gewundenen Straßen, seinen mediterranen Gärten, dem beschaulichen Hafen und den schmucken Häuschen mit den roten Ziegeldächern atmet das Städtchen Gudhjem beinahe schon italienisches Flair.

Der pittoreske Hafenort mit knapp über 700 Einwohnern schmiegt sich an einen steil zum Meer abfallenden Hang. Das einzigartige, klare Licht des Nordens, das den Ort mehr einzuhüllen scheint als den Rest der Insel, hat seit jeher **Künstler** aus ganz Skandinavien angezogen, etwa den Born-holmer Maler **Oluf Høst** (s. S. 50), der sich 1929 in Gudhjem nieder-ließ und den Ort in seinen Gemälden verewigte.

Alle Straßen Gudhjems führen zum **Hafen**, dem Zentrum des Ortes, wo **Ausflugsboote zu den Erbseninseln (Ertholmene)** aufbrechen (s. Christiansø auf S. 81). **Radfahrer** müssen übrigens absteigen, wenn sie die Straße zum Hafen nutzen wollen – sie ist zu steil zum Radfahren.

Hoch über der Stadt, am Møllebakken, steht die Mühle **Kullmanns Mølle**, Gudhjems Wahrzeichen. Mit einer Flügelspannweite von 24 Metern ist sie **Dänemarks größte Windmühle**. Sie war von 1893 bis 1962 in Betrieb und diente seither als Nachtklub, Keramikwerkstatt, Tagungs- und Versammlungsort – heute ist sie leider **ungenutzt**.

Bevor die Pest Mitte des 17. Jh. eine Mehrzahl der Einwohner hinwegraffte, war Gudhjem einer der größten Orte der Insel. Gudhjem gilt darüber hinaus als älteste Handelsstadt Bornholms. Jahrhundertelang war **Fischfang**, ganz besonders der Heringsfang, der Haupterwerbszweig des Ortes. Im Mittelalter fand hier für

036bh-db

Gudhjem goes Hollywood

1987 wurde am Hafen von Gudhjem ③⓪ die Eröffnungssequenz der **Nexø-Verfilmung „Pelle der Eroberer"** (s. S. 124) unter der Regie von **Bille August** abgedreht. Ein Jahr später erhielt der Film in Hollywood den Oscar als bester fremdsprachiger Film und heimste über 20 weitere nationale und internationale Filmpreise ein, darunter die Goldene Palme in Cannes sowie den Golden Globe.

die Kaufleute der Hansestädte ein großer Heringsmarkt statt. Später wurden hier erstmals die legendären **Bornholmer Heringe** geräuchert; erfunden haben die Gudhjemer den geräucherten Hering allerdings nicht. Lokale Fischer hatten auf den nahe gelegenen Erbseninseln schottische Kollegen dabei beobachtet, wie sie Heringe zum Räuchern in offene Schornsteine hängten. Die Gudhjemer Fischer waren von diesem Vorgang begeistert und brachten die Idee mit nach Hause. Wenig später entstand in Gudhjem 1866 die **erste Heringsräucherei der Insel.** Zu Beginn des 20. Jh. gab es im Ort bereits 25 Räuchereien. Heute steht hier nur noch eine einzige Räucherei, die **Gudhjem Røgeri** (s. S. 53), die zugleich die älteste der Insel ist.

Übrigens: Da Gudhjem gerade mal anderthalb Winkelminuten westlich des 15. Längengrads liegt, auf dem die Mitteleuropäische Zeit (MEZ) der mittleren Sonnenzeit entspricht, wird die MEZ in Dänemark auch die **Gudhjem-Zeit** genannt.

❯ **Kullmanns Mølle** <049> Møllebakken 4 c

⬐ *Rote Dächer und Fachwerk am Meer: das romantische Gudhjem*

③① **Gudhjem Kirke** ★ [F4]

In der **schlichten Kirche**, die auf einer **Hügelkuppe** über dem Meer liegt und einen wunderschönen Blick über die Dächer des Örtchens und die Ostsee bietet, befindet sich die einzige Marientafel Bornholms. Die Kirche wurde 1893 in unmittelbarer Nähe der St.-Anna-Kapelle aus dem Jahr 1200 gebaut, von der heute nur noch Ruinen übrig sind. Auf dem **Friedhof** neben der Kirche liegt das **Grab des Malers Oluf Høst** (s. S. 50).

❯ Kirkevej 9, geöffnet: Mo.–Fr. 8–16 Uhr

③② **Oluf Høst Museet** ★★★ [F4]

Die **Villa Norresân**, Heim des Bornholmer Malers **Oluf Høst** (s. S. 50), in dem dieser bis zu seinem Tod lebte und malte, ist seit 1998 ein **privates Kunstmuseum.** Hier hängen nicht nur einige der besten Gemälde des Künstlers, der Besucher kann im Garten auch **drei Ateliers** besichtigen und den Arbeiten des Künstlers so viel näher kommen als bei einem „normalen" Museumsbesuch. In der Tat sind viele Motive des Künstlers in dem Felsengarten mit seinen vielen Aussichtspunkten entstanden oder stammen aus der näheren Umgebung, v. a. von der Küste.

Zu Høsts Lebzeiten war das Haus in Hafennähe Treffpunkt für dänische Maler und Intellektuelle. Der Expressionist gehörte der **Bornholmer Schule** (s. S. 47) an.

Die Räume in der Villa sehen aus, als würde der Maler jeden Moment zur Tür hereinkommen, als hätte er Pinsel und Staffelei nur für einen Moment zur Seite gelegt. An den Wänden hängen seine Bilder mit Bornholmer Landschaften, darunter auch sein berühmtes, immer wiederkehrendes Motiv des **Bauernhofes Bognemark.**

Der Maler Oluf Høst (1884–1966)

Oluf Høst ist ein waschechter Bornholmer - er wurde in Svaneke **38** *geboren. Nach seiner Schulzeit ging er nach Kopenhagen und studierte dort an verschiedenen Kunstschulen, darunter der Königlich Dänischen Kunstakademie. In Kopenhagen lernte er den schwedischen Maler Karl Isakson kennen, der ihn durch die Arbeiten von Van Gogh und Cézanne mit dem Expressionismus vertraut machte. Cézanne war Høsts Vorbild, doch gleichzeitig faszinierte ihn der nordische Aspekt, wie er ihn bei Emil Nolde und Edvard Munch sah. „Wir haben den Wechsel der Jahreszeiten, die langen, hellen Nächte, den ganzen Zauber, mit dem wir zurande kommen müssen, während Cézanne in einer Gegend zu Hause war, in der es im Grunde genommen kein Wetter gab, denn die Wetterlage war immer die gleiche", bemerkte er einmal.*

1913 heiratete er seine Mitstudentin, die vermögende Hedvig Wiedemann, nach einigen Jahren in Kopenhagen kehrte er mit seiner mittlerweile vierköpfigen Familie nach Bornholm zurück. In Gudhjem **30** *erwarb er zwei kleine Häuser, die er zusammenbaute und so ein eigenwilliges Heim schuf, das er Norresân nannte (heute Sitz des Oluf Høst Museet* **32** *). Hier fing er an, sein bekanntestes Motiv, den Bauernhof Bognemark auf einer Klippe über Norresân, zu malen. Im Laufe der Jahre brachte er den Hof in über 200 Variationen auf die Leinwand - in allen Jahreszeiten, allen Wetterlagen, in wechselndem Licht und wechselnder Stimmung. Als der Hof 1935 verkauft werden sollte, kaufte er ihn selbst, war ihm das Gebäude inzwischen doch sehr lieb geworden. Er richtete sich dort ein zweites Atelier ein, um Bognemark fortan ganz ungestört malen zu können.*

Zu seinen Lebzeiten schrieb Høst 1800 Tagebücher, die er Logbücher nannte. Nach seinem Tod wurden sie von der Königlichen Bibliothek in Kopenhagen unter Verschluss gehalten - Høst hatte nämlich verfügt, dass sie erst 50 Jahre nach seinem Ableben an die Öffentlichkeit gelangen durften. Gestorben ist Høst am 14. Mai 1966 - die 50 Jahre sind nun also vorbei. Seitens der Bibliothek ist allerdings noch nichts darüber bekannt, was jetzt mit den Tagebüchern geschehen soll.

037bh-db

Ein **einstündiger Film** vermittelt alles Wissenswerte zu Høst und seinen Werken und veranschaulicht das Leben, das sich im Haus des Künstlers abspielte. In den Sommermonaten gibt es für die Museumsbesucher täglich **kostenlose Führungen** durch Haus und Garten.

› Løkkegade 35, Tel. 56485038, www.ohmus.dk, geöffnet: Mai–Sept. tgl. 11–17 Uhr, Eintritt: Erw. 75 dkr, Kinder 7–15 J. 35 dkr

33 Landwirtschaftsmuseum Melstedgård und Esskulturhaus Gaarden ★★★ [F4]

Hier kann man erleben, wie Bauern im 19. Jh. ihren Hof bewirtschafteten und anschließend in die regionale Esskultur der Gegenwart eintauchen.

Melstedgård ist ein **landwirtschaftliches Freilichtmuseum** südlich von Gudhjem 30, das in einem Fachwerkhof aus dem 19. Jh. beheimatet ist. In dem sogenannten **arbeitenden Mu**seum wird noch wie in alten Tagen gewerkelt. So wird der Besucher mit dem Alltag auf einem Bauernhof zwischen 1850 und 1950 vertraut gemacht. In den Kuh-, Schweine- und Pferdeställen und auf dem Feld arbeiten die Männer, in der Gemeinschaftsstube weben, spinnen, sticken und klöppeln die Frauen in traditioneller Kleidung; sie färben Wolle, verarbeiten Flachs, waschen die Wäsche und kümmern sich um den Gemüsegarten. Die Feldarbeit wird mit Pferdegespannen und alten Traktoren verrichtet, die Heuernte im Sommer nach alter Tradition eingebracht, das Korn wie anno dazumal gedroschen. Wie früher kocht man die Beeren ein und holt das Wasser mit einem Eimer aus dem Brunnen.

Melstedgård wurde 1950 unter Denkmalschutz gestellt und ab 1982 zum Landwirtschaftsmuseum umgestaltet.

Auf dem Gelände befindet sich außerdem das erst 2015 eröffnete **Bornholms Madkulturhus**, zu Deutsch „**Esskulturhaus**". Hier können Besucher Spezialitäten der Insel kennenlernen und probieren. Es handelt sich jedoch nicht um ein Restaurant – Gaarden organisiert vielmehr

⌃ *Ein Spaß für Groß und Klein: Melstedgård mit der Pferdekutsche*

⌄ *Das Oluf Høst Museet 32 widmet sich Leben und Werk des Malers*

Workshop, in denen man sein Essen unter fachkundiger Anleitung selbst zubereitet. Daneben werden thematische Kochkurse und Themenabende veranstaltet. Das Esskulturhaus ist zugleich Treffpunkt der Bornholmer Nahrungsmittelproduzenten.

Im Skafferiet, dem schmucken Hofladen des Landwirtschaftsmuseums, lassen sich viele regionale Delikatessen erstehen, aber auch leckere Produkte aus der Küche des Bauernhofs.

> Melstedvej 25, Ortsteil Melsted
> Landwirtschaftsmuseum Melstedgård, Tel. 56485598, www.bornholms museum.dk, geöffnet: Mitte April–Ende Juni u. Mitte Aug.–Mitte Okt. So.–Do. 10–16 Uhr, Ende Juni–Mitte Aug. So.–Fr. 10–16 Uhr (letzter Einlass eine halbe Stunde vor Schließung), Eintritt 70 dkr, Kinder unter 18 J. Eintritt frei. Es handelt sich um ein Wochenticket, das man eine Woche lang mehrmals benutzen kann.
> Gaarden – Bornholms Madkulturhus, Tel. 56950735, www.gaarden.nu/en. Das Haus ist ganzjährig geöffnet, Termine werden auf der Website bekanntgegeben (bislang nur auf Dänisch).
> Fahrt mit der Pferdekutsche: So.–Do. 10.30–13 Uhr, Preis: 20 dkr pro Person. Infos vor Ort oder unter der oben angegebenen Tel.-Nr.
> Unterwegs mit dem Gärtner: Jeden Do. findet um 14 Uhr eine geführte Gartentour mit dem Hofgärtner statt.
> „Pelle"-Touren für Kinder: Den Sommer über bietet Melstedgård für Kinder und Eltern Führungen, die kleine Gäste mit Nexøs Bornholm-Roman „Pelle der Eroberer" (s. S. 124) bekannt machen. Bei den kinderfreundlichen Touren erfährt man allerlei über die Kindheit auf einem Bauernhof um 1900 und darüber, welche Arbeiten Kinder im Haus und Stall und auf dem Feld verrichteten, was sie aßen und vieles mehr. Buchung vor Ort oder unter der angegeben Tel.-Nr.

Melsted Strand

Die Küste bei Gudhjem ist nicht besonders badetauglich, einen kleinen, aber feinen Sandstrand findet man jedoch im benachbarten Melsted, wo ein Badesteg vom Strand ins tiefere Wasser führt.

Infos und Reisetipps

> Gudhjem Turistinformation <050> Ejnar Mikkelsensvej 25, Tel. 56486448, www.allinge.dk (unter „Kontakt"), geöffnet: Mai–Ende Aug. Mo.–Fr. 9–16 Uhr, ab Juni auch Sa. 11–15 Uhr, Ende Aug.–Ende April Mo.–Fr. 9.30–16 Uhr

Unterkünfte

> Alte Strandvogtei (Den Gamle Strandfoged Gaard) €€ <051> Røstadvej 10, Tel. 56484297 (10–21 Uhr), Tel. in Dtl. 03839 266530, www.wildlachs.de. Idylle pur: Die Alte Strandvogtei befindet sich direkt an der Küste und beherbergt sieben Ferienwohnungen mit Terrasse oder Sitzplatz mit Meerblick für 1–5 Personen. Liegewiese an der Ostsee mit Strandkörben und Liegen. Zur Ferienhausanlage gehört Dines Lille Maritime Café mit Terrasse und Kaminstube, wo jedes Jahr das Bornholmer Märchenfestival (s. S. 101) stattfindet. Das Zentrum von Gudhjem ist 40 Min. zu Fuß entfernt, 150 m von der Anlage gibt es eine Bushaltestelle, Parkplätze stehen vor dem Haus zur Verfügung.
> Gudhjem Vandrerhjem € <052> Løkkegade 7, Tel. 56485035, www.danhostel-gudhjem.dk. Behaglichkeit zum kleinen Preis: Die älteste und wohl charmanteste Jugendherberge Bornholms logiert in einem verwinkelten Hof in der Nähe des Hafens. Kostenfreies WLAN, Gemeinschaftsküche und Gemeinschaftsraum mit Flachbildfernseher. Fahrräder können an der Rezeption ausgeliehen werden, eine Bushaltestelle befindet sich unmittelbar neben dem Gebäude.

> **Jantzens Hotel** €€€ <053> Brøddegade 33, Tel. 56485017, www.jantzenshotel.dk. **Geschmackvoll und familär:** Das Hotel im Ortszentrum wurde 1872 eröffnet und ist das älteste in der Gegend. Sechzehn stilvolle, individuell gestaltete Zimmer, teils mit Balkon und Terrasse, sind buchbar, dazu eine Suite mit Küche. Wunderhübscher Hof mit Steingarten und Blumen. Kostenloses WLAN. Zum Frühstück gibt es selbst gebackenes Brot.

> **Melsted Badehotel** €€€ <054> Melstedvej 27, Ortsteil Melsted, Tel. 56485100, www.melsted-badehotel.dk. **Ruhe und herzliche Atmosphäre:** Das elegante Hotel aus dem Jahr 1932 liegt direkt am Strand. Zur Wahl stehen helle, hübsch eingerichtete Zimmer mit Balkon oder Terrasse sowie zwei Ferienwohnungen. Kostenfreies WLAN.

> **Sannes Familiecamping** <055> Melstedvej 39, Ortsteil Melsted, Tel. 56485211, www.familiecamping.dk/de. **Ruhiger Campingplatz direkt am Melsted Strand:** Hier gibt es einen Wohnwagenverleih, Campinghütten und Ferienhäuser. Zusätzlich Familienraum mit Spa-Bad, Waschküche, Kaminzimmer mit Panoramaaussicht, beheiztes Schwimmbecken, Spielplatz mit Seeräuberburg und Fußballplatz. Für Kinder gibt es kindgerechte Toiletten, Waschbecken und Duschen. Vierbeiner sind willkommen. Angeschlossen ist Bornholms Adventure Minigolfpark (s. S. 97).

Essen und Trinken

> **Brøddan** €-€€ <056> Brøddegade 20, Tel. 56485022, www.broddan.dk, geöffnet: April–Okt. ab 12 Uhr. Günstiges Buffetrestaurant mit Pizzeria und Außenterrasse mit Sicht auf die Ostsee. Mittags und abends gibt es ein empfehlenswertes Buffet mit großer Auswahl, zu haben sind dänische und lokale Gerichte.

> **Café Klint** €-€€ <057> Ejnar Mikkelsensvej 20, Tel. 56485459, www.cafe-klint-

Sol over Gudhjem – eine lokale Heringsspezialität

Dieses Gericht, das in fast allen Gudhjemer Restaurants angeboten wird, trägt den poetischen Namen „Sonne über Gudhjem". Es besteht aus einem geräucherten Hering, der auf einer Scheibe dunklem Roggenbrot mit Butter serviert wird, belegt mit gehacktem Schnittlauch, Radieschen und Zwiebeln, bestreut mit Salz und Pfeffer – und dann als „Sonne" ein rohes Eigelb.

039bh-db

gudhjem.com, geöffnet: April–Sept. tgl. 10–21 Uhr, im Hochsommer bis 2 Uhr, Mitte Sept.–Mitte Okt. 10–17 Uhr, im Winter geschlossen. Zu Mittag werden Snacks, Salate, Fisch und *smørrebrød* (belegte Brote) serviert, abends Tapas und Tortillas. Im Sommer mit Livemusik.

> **Gudhjem Røgeri** €€ <058> Ejnar Mikkelsensvej 9, Tel. 56485708, www.smokedfish.dk, geöffnet: Mitte März–Mitte Okt. tgl. ab 10 Uhr, im Winter geschlossen. Urige Kneipe, ein Muss für Liebhaber von geräuchertem Fisch. Von Juli bis Mitte Aug. steht auch Pizza auf der Karte. Täglich Fischbuffet, Kinder unter 12 Jahren zahlen dabei die Hälfte. Juni–Aug. Livemusik.

Einkaufen

❯ **Baltic Sea Glass** <059> Melstedvej 47, Ortsteil Melsted, Tel. 56485641, www.balticseaglass.com, geöffnet: Mo.–Fr. 10–17, Sa. nur nach Vereinbarung. Gegründet wurde Baltic Sea Glass 1977 von dem dänisch-amerikanischen Paar Pete Hunner und Maibritt Jönsson und genießt mittlerweile Weltruhm. Die ehemalige Hühnerfarm südlich vom Gudhjemer Stadtkern dient heute als Werkstatt und Showroom. In der Glasbläserei und Galerie gibt es nicht nur wunderschöne Einzelstücke, sondern auch Gebrauchsgegenstände in Form von Trink- und Weingläsern, Schalen und Vasen. Man hat die Möglichkeit, den beiden Glasdesignern bei ihrer Arbeit über die Schulter zu schauen.

❯ **Karamel Kompagniet** <060> Holkavej 2, Tel. 56442255, www.karamelkompagniet.dk, geöffnet: März–Okt. Mo.–Do.

KLEINE PAUSE

Auf einen Tee in Ying's Tehus

Die sympathische Chinesin Ying Zhao und ihr Mann Michael Walter Rasmussen, Besitzer der Firma Nordisk Thé Import, betreiben in der beschaulichen Gegend um Østerlars einen kleinen „hyggeligen" Teesalon (zum Begriff der „hygge" s. S. 12) mit Laden, wo man aus **über 300 Teesorten aus ökologischem Anbau** wählen kann. **Kaffeeliebhaber** bekommen frisch gerösteten Kaffee. Der ideale Ort für eine Verschnaufpause mit Heißgetränk und einem Stück Kuchen, wenn man die Rundkirche Østerlars Kirke 34 oder Bornholms Middelaldercenter 35 besucht.

❯ **Ying's Tehus** <061> Stavsdalsvej 25, Østerlars, www.yingstehus.dk, geöffnet: März–Mai Do.–So. 12–17 Uhr, Juni–Aug. tgl. 12–17 Uhr, Sep./Okt. Do.–So. 12–17 Uhr

8–16, Fr. bis 15.30 Uhr, im Sommer auch Sa./So. Dänemarks erste Karamellfabrik gehört zu den wenigen in Europa, die echte weiche Karamellen nach altem englischen Rezept herstellt. Im Laden darf man bei der Herstellung zugucken und naschen.

Østerlars

Das 250 Einwohner zählende Örtchen liegt südwestlich von Gudhjem 30. Im Ort selbst gibt es keine Sehenswürdigkeiten, aber **außerhalb des Ortes** locken die **Rundkirche von Østerlars** 34 und **Bornholms Middelaldercenter** 35.

34 Rundkirche
Østerlars Kirke ★★ [F5]

Die Kirche mit den zwei Meter dicken Mauern, die vermutlich um das Jahr 1150 erbaut wurde, ist die **älteste und größte Rundkirche der Insel** (s. S. 44). Im Vorraum und außerhalb der Kirche stehen drei **Runensteine** (s. S. 27) aus der Zeit um 1050. Der Runenstein am Eingang mit Kreuz und Grabinschrift wurde erst 1921 dort aufgestellt. Kaum ein Runenstein Bornholms befindet sich heute noch an seinem Originalfundort.

Die wichtigste Sehenswürdigkeit der Rundkirche sind die **Fresken** am massiven Pfeiler in der Mitte der Kirche, die – von links nach rechts gelesen – Episoden aus dem Leben Jesu erzählen. Die Kalkmalereien, die erst 1889 entdeckt und freigelegt wurden, stammen aus dem 13. Jh.

Vor ein paar Jahren ergaben Sonarmessungen Hinweise auf einen zwei Meter hohen **Hohlraum** unter der Kirche. Da der Kirchenrat angeblich weitergehende Untersuchungen untersagte, führte dieser Befund zu

Spekulationen, dass sich unter der Kirche der sagenumwobene **Schatz der Tempelritter** befinden könnte.

> Vietsvej 25, www.oesterlarskirke.dk, geöffnet: Mo.–Sa. 9–17, So. 12–17 Uhr, Spendenempfehlung: 10 dkr

③⑤ Bornholms Middelaldercenter ★★★ [E5]

Hier begibt man sich auf eine Entdeckungsreise in längst vergangene Zeiten: Wie der Name schon andeutet, dreht sich hier alles um das Mittelalter, also das Leben auf Bornholm in der Zeit von 1300 bis 1450. Auf dem Gelände des **Erlebniszentrums** befinden sich innerhalb einer befestigten, runden Wallanlage ein großer Holzturm, Wohnhäuser, landwirtschaftliche Gebäude, eine Wassermühle, eine Töpferei und eine Schmiede, ein Bogenschießplatz und diverse Tiere.

Hauptattraktionen sind **Schaukämpfe** und **Schießvorführungen** mit mittelalterlichen Waffen und Kanonen, eine **Runenjagd** (auch auf Deutsch), die auf einer wahren Begebenheit aus dem 14. Jh. basiert, und der **archäologische Spielplatz**, wo Kinder mit Metalldetektoren auf Schatzsuche gehen können. Während der Hochsaison finden täglich **Führungen** durch das Zentrum statt. Im Sommer wird auf dem Gelände ein großer **Mittelaltermarkt** (s. S. 101) veranstaltet; das genaue Datum wird auf der Website veröffentlicht.

> Stangevej 1, ca. 500 m hinter der Øster-lars Kirke ③④, Tel. 56498319, www.bornholmsmiddelaldercenter.dk, geöffnet: Mai/Sept. Mo.–Fr. 11–15 Uhr, Juni/Aug. Mo.–Fr. 10–16 Uhr, Ende Juni–Anf. Aug. Mo.–Sa. 10–17 Uhr, Eintritt: je nach Saison 90–120 dkr, Kinder 3–10 J. Eintritt frei. Das Ticket kann eine Woche lang mehrmals benutzt werden.

③⑥ Waldgebiet Almindingen ★★ [E6]

Almindingen, mit heute 38 Quadratkilometern das größte Waldgebiet der Insel, liegt im Zentrum der Insel – mit seinen Felsen, Höhenzügen, Spalten- tälern, kleinen Seen und idyllischen Mooren ist es bei Wanderern und Mountainbikern besonders beliebt.

Gut **markierte Wege** durchziehen den Wald in perfekter Symbiose mit der Natur. Angelegt wurde Almindingen in den Jahren 1800–09 zunächst im Rahmen einer Baumschule für die Aufzucht kleiner Tannen und Buchen.

Der höchste Punkt im Wald und zugleich der **höchste Berg Bornholms** ist der 162 Meter hohe **Rytterknægten**, was übersetzt „Reiterknecht" bedeutet. Auf dem Gipfel steht der steinerne **Aussichtsturm Kongeminde**, der 1856 zu Ehren von König Frederik VII. und seiner Frau Louise errichtet wurde (jener, nach der das Wäldchen Louisenlund benannt ist, in dem viele Bautasteine stehen, s. S. 60). Ursprünglich betrug die Höhe des Turmes 13 Meter. Bevor das Jahrhundert sich dem Ende entgegen neigte, waren die umliegenden Bäume jedoch so weit in die Höhe geschossen, dass vom Turm keine Aussicht mehr möglich war. Um Abhilfe zu schaffen, wurde 1899 auf der alten Aussichtsplattform eine neun Meter hohe Metallkonstruktion errichtet, von der man eine herrliche Sicht über weite Teile der Insel genießt. Die Gesamthöhe beträgt nun 184 Meter.

Nicht weit vom Rytterknægten stehen die **Überreste** der kleinen **Lilleborg**, die auf einer 16 Meter hohen Anhöhe thront. Sie diente dem dänischen König als Gegenpol zur kirchlichen Macht auf der Festung Hammershus ⑬. Kaum war sie Mitte des

040bh-db

EXTRATIPP

Die kleinste Trabrennbahn der Welt

Im **Waldgebiet Almindingen** ③⑥ lädt **Bornholms Brand Park** Trabrennbegeisterte zum Mitfiebern ein. Mit 580 Metern ist die 1960 gegründete **Travbane** ausgesprochen klein. Der Trabrennsport ist bei den Bornholmern sehr beliebt, hat eine lange Tradition und eine treue Zuschauergemeinde. Es macht Spaß zuzuschauen – auch Kinder sind begeistert, vor allem, weil man die Ställe besuchen und dabei zusehen darf, wie die Pferde angespannt werden.

Die **Rennen** finden zwischen Ende März und Ende Oktober statt; genaue Daten werden auf der Website veröffentlicht. Der Eintritt für ein Rennen kostet 50 dkr. Informationen liegen am Eingang auch in deutscher Sprache aus.

❭ **Bornholms Brand Park** <067> Segenvej 41, Tel. 88811209, www.born holmsbrandpark.dk (nur auf Dänisch)

⌂ Ein Highlight im Almindingen ③⑥: die Wisente im Bisonwald (s. S. 113)

12. Jh. erbaut, fiel sie im Jahr 1259 einem Angriff von Fürst Jaromar II. zum Opfer. Dabei wurden große Teile zerstört – aber offenbar nicht alles. Münzen, die vor Ort gefunden wurden, weisen darauf hin, dass die Burg auch noch Jahre nach dem Angriff genutzt wurde. Der kleine See namens **Borgesø**, der sich unterhalb der Ruinen erstreckt, war früher Teil des Verteidigungsrings der Lilleborg. Nördlich der Lilleborg findet man einen bekannten **Rokkesten** („Wackelstein", s. S. 111).

Knapp einen Kilometer südöstlich der Lilleborg befindet sich auf einem 21 Meter hohen Plateau die **Ruine der Gamleborg** aus dem 9. Jh. Sie ist also bereits vor der Lilleborg entstanden und damit das **älteste Steingebäude der Insel**. Die Gamleborg fungierte in der Wikingerzeit (bis ca. 1100) als Hauptfestung der Insel. Hier konnten die Inselbewohner Zuflucht finden, wenn es zu kriegerischen Auseinandersetzungen mit anderen Wikingerstämmen kam. Zu erkennen sind noch der Burggraben, das Haupttor sowie die Reste eines viereckigen Turms.

Sehenswert ist ferner das im Almindingen liegende **Ekkodalen** („Echotal"), das größte und wohl eindrucksvollste **Spaltental** der Insel. Es ist 10 Kilometer lang, jedoch nur 60 Meter breit. Entstanden ist es durch den Druck tektonischer Bewegungen, deren Spannung den Grundfelsen zum Bersten brachte. An einer **ausgeschilderten Stelle** des Tals kann man sein **Echo** hören, wenn man gegen den Felsen ruft, daher auch der Name (s. Wanderung 2 auf S. 92).

In einem eingezäunten Gebiet rund um das Sumpfgebiet **Svinemose** lebt seit 2012 eine kleine Herde **Wisente** im **Bisonwald** (s. S. 113).

Der Almindingen lässt sich wunderbar im Rahmen einer **Kutschfahrt** (s. S. 126) erleben – ein besonderes Highlight für Kinder.

> ❭ Rytterknægten <062>
> ❭ Lilleborg <063>
> ❭ Rokkesten <064>
> ❭ Gamleborg <065>
> ❭ Ekkodalen <066>

㊲ **Østermarie Kirke** ★ [F6]

Der **neoromanische Granitbau** am südlichen Ortsausgang stammt aus dem Jahr 1891. Teile des Interieurs wie der Taufstein, die Kanzel und das gemalte Epitaph für Jens Pedersen Kofoed, einen der vier Befreier Bornholms von den Schweden, stammen aus der **Vorgängerkirche St. Maria** aus dem 12. Jh., deren **Ruine** unmittelbar an die Kirche grenzt. Zwischen der alten und der neuen Kirche stehen vier sehenswerte **Runensteine** (s. S. 27).

Aufgrund der **guten Akustik** werden in der Kirche während des jährlich stattfindenden Bornholms Musikfestival (s. S. 101) regelmäßig Konzerte veranstaltet. Das knapp 500 Einwohner zählende Straßendörfchen **Østermarie** befindet sich im Dreieck Gudhjem ㉚, Almindingen ㊱ und Svaneke ㊳. Ganz in der Nähe lädt **Fru Petersens Café** (s. unten) Gäste zu einer Stärkung ein.

> ❭ Svanekevej 6, Østermarie, geöffnet: tgl. 7 – 16 Uhr

KLEINE PAUSE

Das legendäre Fru Petersens Café

Einen Kilometer westlich vom Ortskern und der **Kirche von Østermarie** ㊲ empfängt Frau Petersen ihre Gäste in diesem überaus charmanten Café.

Anfang des 20. Jh. beheimatete das Gebäude eine **Dorfschule** – hier lernten die Kinder jahrzehntelang lesen, schreiben und rechnen. In den 1980er-Jahren ging der blau-weiß gestrichene Fachwerkhof in Privatbesitz über und beherbergte einige Jahre einen Antiquitätenladen, bis Veny und Jens Petersen die alte Schule erwarben und die alten Klassenräume 1997 in ein Café verwandelten. Die **„hyggelige"** und herzliche Atmosphäre (zum Begriff der „hygge" s. S. 12) mit Möbeln aus der Zeit der Jahrhundertwende im Mix mit modernen Elementen, das leckere Mittagessen und umfangreiche Kuchenbuffet locken nicht nur Einheimische, sondern auch Urlauber von der ganzen Insel hierher.

> ❭ Fru Petersens Café <068> Almindingensvej 31, Østermarie, Tel. 56470618, www.frupetersenscafe.dk, geöffnet: April–Mitte Okt. Mi.–So. 12–18 Uhr, in der Hochsaison auch Mo. u. Di. sowie Do. bis 20.30 Uhr. Die Öffnungszeiten variieren, Details s. Website (auf Dänisch) unter „Åbningstider".

38 Svaneke ★★★ [H6]

Das Künstlerstädtchen, zugleich der östlichste Ort der Insel, ist der Hotspot schlechthin. 2013 wurde Svaneke zur schönsten Kleinstadt Dänemarks gekürt. Die Plätze und kleinen Gassen erzählen spannende Geschichten von der Gründung im Jahr 1555 bis in die Moderne.

Das **Ortsbild** ist geprägt von alten Kaufmannshöfen und Fachwerkhäusern in warmen Gelbtönen und blühenden Rosensträuchern. Svaneke besticht außerdem mit einem **vielfältigen Kultur- und Kunstleben**, ja mit einer Flut von Glasbläsereien, Keramikwerkstätten, Steinmetzereien, Galerien und Goldschmieden in den **kleinen Gässchen**, die sich bergauf und bergab durch den Ort schlängeln.

Nicht nur für Kunstliebhaber ist Svaneke ein Paradies, auch für **Gourmets**. Seit 1750 wird in **Svaneke Bier** gebraut. Das Svaneke Bryghuset am Marktplatz, die einzige Brauerei der Insel, wurde im Jahr 2000 eröffnet und zählt zu Dänemarks ersten Mikrobrauereien. Links neben der Brauerei befindet sich die **Schokoladenfabrik** Svaneke Chokoladeri, rechts die **Bonbonfabrik** Svaneke Bolcher und bei Mermaid's in der Postgade gibt es leckere Eisspezialitäten (alle s. S. 62). Am Hafen steht die **traditionsreichste Heringsräucherei Bornholms**, deren fünf markante Schornsteine ein beliebtes Fotomotiv sind.

Mit seinen zahlreichen alten und hübsch restaurierten Häusern aus dem 18. und 19. Jh. gleicht der Ort einem **Freilichtmuseum**. Symbol und **Wappentier** ist, wie der Name schon sagt, der **Schwan** – *svane* ist nämlich das dänische für „Schwan". Dem anmutigen Vogel begegnet man in der Tat überall im Ort – auf Plätzen, Gehwegen, in Fenstern und Vorgärten, als Blumentopf und Accessoire oder in Form eines Planschbeckens.

Denkmalschutz wird in Svaneke übrigens großgeschrieben. In den 1940er-Jahren wurde der Verein *Svanekes Venner* („Freunde Svanekes") gegründet, der sich um die Erhaltung des Stadtbilds kümmert. So darf im Ort beispielsweise nicht fröhlich drauflos modernisiert werden – der Verein achtet darauf, dass Neues und Altes harmonisieren. Dafür bekam Svaneke 1975 neben Colmar die erste Europamedaille für Denkmalpflege.

Jeden Samstagvormittag ist Markttag in Svaneke. Ein Erlebnis ist eine **Rundfahrt** durch den Ort mit der alten **Pferdestraßenbahn**, einem Nachbau des Originals von 1875. Die **Haltestelle** befindet sich am Marktplatz.

39 Svaneke Kirke ★ [H6]

Die **leuchtend rot gestrichene Kirche**, deren älteste Teile aus dem Jahr 1350 stammen, besitzt den wohl ungewöhnlichsten Kirchturm Dänemarks. Der spitze Turm trägt auf seiner Spitze einen **goldenen Schwan** anstelle des sonst üblichen Kreuzes oder Wetterhahns.

In der Svaneke Kirke, wie auch in vielen anderen Kirchen an den Küsten im Norden, hängt an der Decke des Kirchenschiffs ein großes **Schiffsmodell**. Besucher fragen sich oft, weshalb das so ist: Schiffsmodelle wurden in vergangenen Jahrhunderten häufig zu Ehren von Schiffbrüchigen gestiftet.

❯ Kirkepladsen 2, geöffnet: Mo.–Fr. 8–16 Uhr

▷ *Die gelben Häuser sind charakteristisch für den Künstlerort Svaneke*

Svaneke

© Reise Know-How 2016

0 ⸺ 100 m

Sehenswürdigkeiten

- **39** Svaneke Kirke
- **40** Wasserturm
- **41** Bechs Mølle

■ Übernachtung

- 5 Hotel Siemsens Gaard
- 15 Danhostel Svaneke

■ Essen und Trinken

- 3 Svanereden
- 4 Fiskeværksted
- 8 Svaneke Bryghuset
- 12 Barsø's
- 13 Mermaid's Ismejeri
- 16 Syd-Øst for Paradis

■ Einkaufen/Sonstiges

- 1 Madam Dunk
- 2 Handmade by Rebecka R.
- 6 Svaneke Turistinformation
- 7 Svaneke Bolcher
- 8 Svaneke Chokoladeri
- 9 Svaneke Købmandshandel
- 10 Pernille Bülow
- 10 Johan Bülow Lakrids
- 11 Svaneke Apotek
- 14 Fahrradverleih Boss Cykler

Hullehavn Strand

❹ Wasserturm ★★ [H6]

Der ungewöhnliche, 28 Meter hohe kegelförmige, **dreibeinige Wasserturm (Vandtårn)** aus Stahlbeton aus dem Jahr 1952 stammt von dem Kopenhagener Architekten **Jørn Utzon**, der ein paar Jahre später das Opernhaus in Sydney entwarf und damit weltberühmt wurde. Der Wasserturm ist **nur zu Fuß** zugänglich.
❭ Jørn Utzons sti 2

❹ Bechs Mølle ★★ [H6]

Die Mühle aus dem Jahr 1629 ist die **älteste und größte Bockwindmühle Dänemarks** und war bis 1928

Bautasteine – Zeugen der Vergangenheit

Die hohen, aufgerichteten Steine, die außerhalb Dänemarks als **Menhire** oder **Hinkelsteine** bekannt sind, zählen zu den frühesten kulturellen Zeugnissen der Insel und werden auf den Zeitraum 5. Jh. v. Chr. bis 5. Jh. n. Chr. datiert. Wozu sie genutzt wurden, ist unbekannt; Forscher bringen sie jedoch mit Grab- und Kultstätten in Verbindung. Die **größte Anzahl an Bautasteinen** auf Bornholm befindet sich in dem kleinen **Wäldchen Louisenlund** [G6] zwischen Svaneke ❸ und Østermarie. Die rund 70 Steine stehen teils einzeln, teils in Gruppen und sind teilweise mehr als 2,50 Meter hoch.

An der Mündung des Flüsschens Gyldenså bei Listed, ebenfalls westlich von Svaneke, steht auf einem kleinen Steinhügel die **Bautasteingruppe Hellig Kvinde.** Einer Sage nach handelt es sich bei der Steingruppe um eine heilige Frau und ihre Kinder, die auf ein Gebet der Frau hin in Steine verwandelt wurden, um einer nahenden Gefahr zu entkommen. In alten Zeiten grüßte jeder Bornholmer, der hier vorbeikam, die Versteinerten.

in Betrieb. Im 19. Jh. wurde sie aufgrund einer Straßenverlegung komplett abgebaut und an anderer Stelle wieder aufgebaut. Dabei wurden Teile ausgewechselt und die Mühle insgesamt vergrößert. Seitdem wurde sie mehrmals restauriert. Die Mühle lässt sich **nur von außen** besichtigen.
❭ Møllebakken 13, am nördlichen Ortsausgang von Svaneke, unweit des Wasserturms ❹

Hullehavn Strand

Der kleine Strand mit einem zwei Meter hohen **Sprungturm** erstreckt sich in einer Bucht an der Felsenküste unterhalb des Leuchtturms von Svaneke. Das Wasser fällt extrem flach ab, rund um den Sprungturm ist **Schnorcheln** möglich. **Taucher** nutzen Hullehavn gern als Einstieg, da sie zwischen den Felsen eines der besten Tauchreviere der Insel finden. Der **Leuchtturm**, der bis 2010 in Betrieb war, wurde restauriert und zu einem exquisiten Ferienhaus umgebaut.

Infos und Reisetipps

■ **Svaneke Turistinformation** ‹069›
Peter F. Heerings Gade 7, am Hafen, Tel. 56496040, www.oestbornholm. dk, geöffnet: Juni–Aug. 10–16 Uhr. Hier gibt es u. a. den jährlich aktualisierten zweisprachigen Svaneke Guide mit den wichtigsten Läden, Restaurants und eine Liste aller Veranstaltungen während des Sommers.

■ **Fahrradverleih Boss Cykler** ‹070›
Søndergade 14, Tel. 56497574, www. bosscykler.dk, geöffnet: Mai–Sept. Mo.–Fr. 9–13 Uhr. 3-Gang-Räder, Mountainbikes, Kinderräder, Tandems,

▷ *Nur außerhalb der Badesaison ist es rund um den Sprungturm am Hullehavn Strand einsam*

Kinder- und Gepäckanhänger sowie Anhänger für Hunde. Fahrrad je nach Typ ab 70 dkr/Tag, Wochenpreise sind günstiger.

❭ **Stadtwanderung in Svaneke:** Von Juni bis September organisiert der Verein *Svanekes Venner* ("Freunde Svanekes") Stadtwanderungen. Die Tour auf Deutsch findet Do.-Nachmittag statt und dauert ca. 1½ Stunden. Treffpunkt ist der Søllingsgaard am Svaneke Torv 2 (den genauen Zeitpunkt bitte tel. oder per E-Mail erfragen). Bei der Wanderung durch die alten Gassen erfährt man viel Wissenswertes über den Handel, die Seefahrt, den Schiffbau und die Entwicklung Svanekes durch die Jahrhunderte. Infos und Buchung: Tel. 56496853 u. 21456132, E-Mail: byvandring@svan ekesvenner.dk.

Unterkünfte

❭ **Aparthotel Bølshavn 9** €€ <071> Bølshavn 9, Tel. 56496121, www.boels havn9.de. **Idylle und Ostseepanorama:** In dem kleinen Hotel des deutsch-dänischen Ehepaares Richter-Reichhelm hat jedes der fünf komfortablen, individuell gestalteten Zimmer einen Namen, der auf ein Märchen von Hans Christian Andersen zurückgeht, z. B. "Des Kaisers neue Kleider" oder "Die wilden Schwäne". Buchen lassen sich zudem drei Ferienhäuser und zwei Ferienwohnungen. Hotel und Wohnungen befinden

sich in einem umgebauten Bauernhof aus dem vorigen Jahrhundert inmitten alter Obstbäume direkt am Meer.

■ **Danhostel Svaneke** € <072> Reberbanvej 9, Tel. 56496242, www.danhostel-svaneke.dk. **Preiswert und gut:** Das rot getünchte Haus in der Nähe des Leuchtturms zählt zu den schönsten Jugendherbergen Dänemarks. 43 Zimmer mit 2–6 Betten, Bad/WC in den meisten Zimmern.

■ **Hotel Siemsens Gaard** €€€ <073> Havnebryggen 9, Tel. 56496149, www.siem sens.dk. **Ideale Hafenlage:** Das restaurierte Kaufmannskontor aus dem 17. Jh. ist hufeisenförmig um einen Innenhof angelegt, der sich zum Hafen hin öffnet. Es verfügt über 51 Zimmer, darunter einige mit Meerblick, Terrasse und Miniküche. Halbpension möglich. Kostenloses WLAN, Fitnessraum, Spa und Sauna. Tipp: Bei einem Aufenthalt von 8 bis 14 Tagen gibt es 10 % Rabatt, ab 15 Tagen 20 %. Vierbeiner sind willkommen.

❭ **Svanekeferie** €€, Tel. 56497073, www. svanekeferie.dk. **Unterkünfte für die ganze Familie:** Zur Auswahl stehen verschiedene Ferienwohnungen sowie Sommer- und Stadthäuser in und um Svaneke für 2–8 Personen, darunter wunderschöne Fachwerkhäuser aus dem 18. Jh. Die Buchung erfolgt online. Bis Ende Mai und ab Mitte Sept. gibt es Sonderpreise mit bis zu 15 % Preisnachlass pro Woche.

Essen und Trinken

■ **Barsø's** €€ <074> Glastorvet 3, Tel. 56402011, Facebook-Seite, geöffnet: tgl. 13–20, im Sommer bis 22 Uhr. In dem gemütlichen Café gibt es Salate, Snacks, hausgemachtes Süßes, frisch gepresste Säfte, italienisches Eis und ab 17 Uhr Pizza. Das Motto von Beth Barsø lautet: „Nachhaltigkeit, Verantwortung und guter Service mit einem großen Lächeln".

■ **Fiskeværksted** € <075> Gruset 2, Tel. 56492949, www.fiskevaerkstedet.dk, geöffnet: Mai–Okt. tgl. 11–20.30 Uhr. Für Fischfans: In dem Fischladen mit Restaurant werden günstige Fischgerichte aufgetischt. Innen- und Außenplätze mit Aussicht auf den Hafen.

■ **Mermaid's Ismejeri** <076> Postgade 1–3, www.mermaids.dk, geöffnet: Ende März– Juni u. Sept./Okt. tgl. 11–17 Uhr, Juli– Anf. Aug. 10–22 Uhr, Anf.–Ende Aug. 11–18 Uhr. Die Milch für das Eis stammt von Jersey-Rindern aus der Umgebung, ebenso die Früchte und Beeren. Statt Eier werden Seetang und Johannisbrot verwendet, Farbstoffe sind tabu und es gibt Eisvarianten mit Kokos-, Mandel-, Reis- und Sojamilch. Die Inhaber haben das Eishandwerk in Italien gelernt und verfeinern ihr Eis mit Bornholmer Zutaten wie Sanddorn und Moorbeeren. Es gibt Apfelsorbet aus lokalem Apfelmost bis hin zu Biereis des Svaneke Bryghuset (s. unten). In der Cafébar werden Kaffeespezialitäten aus selbst gerösteten Kaffeebohnen und hausgemachter Kuchen serviert. Eine Empfehlung sind die berühmten Mermaid's Weingummis.

■ **Svaneke Bryghuset** €€ <077> Svaneke Torv 5, Tel. 56497321, www.svaneke bryghus.dk, geöffnet: tgl. 11–20.30 im Sommer bis 24 Uhr. Im großen Restaurant der Brauerei, die in einem restaurierten Kaufmannshof von 1750 beheimatet ist, wird inmitten großer Messingkessel deftige Bornholmer Küche serviert. In der einzigen Brauerei der Insel (Svanevang 10) kommen immer wieder neue Bierkreationen in die Flasche.

■ **Svanereden** €€ <078> Gruset 4, Tel. 50507235, geöffnet: nur Juli/Aug. 11–23 Uhr. Da es sich hier um ein reines Outdoor-Restaurant handelt, ist es nur im Sommer bei schönem Wetter geöffnet. Auf den Teller kommen leckere Wok-Gerichte mit frischen Zutaten, die über dem offenen Feuer zubereitet werden,

darunter auch Varianten für Vegetarier und Veganer, Tapas, Sandwiches sowie Chili con Carne aus dem Feuertopf. Das Restaurant befindet sich direkt am Meer.

■ **Syd-Øst for Paradis** <079> Skovgade 34, Tel. 50704248, Facebook-Seite, geöffnet: tgl. 10–22 Uhr. Am Ende der Skovgade, nahe des Leuchtturms, befindet sich die Chiringuito („Strandbar") mit dem klangvollen Namen. Es gibt spanische Sandwiches, Cava, Mojito sowie Eis und am Abend werden auf der Holzterrasse Tapas serviert, während im Hintergrund spritzige lateinamerikanische Rhythmen erklingen.

Einkaufen

■ **Handmade by Rebecka R.** <080> Gruset 7, Tel. 21121071, Facebook-Seite, geöffnet: Mai–Mitte Sept. tgl. 10–17 Uhr. In ihrem kleinen Laden verkauft die Künstlerin Rebecka Rottensten außergewöhnlich schöne Bilder aus Steinen in verschiedenen Größen und Formen, die hinter eleganten schwarzen Glasrahmen stecken. Rebecka, die das Meer und den Strand liebt, fand eines Tages ungewöhnlich viele herzförmige Steine und kam so auf die Idee mit den Bildern. Ansichten der einzigartigen Steinbilder gibt es auf Facebook.

■ **Madam Dunk** <081> Møllebakken 18, Tel. 26730777, www.madamdunk.dk, geöffnet: Do./Fr. 12–17, Sa. 11–15 Uhr. Unikate made in Bornholm. Die Designerin Annie Dunch alias Madam Dunk kreiert seit den 1980er-Jahren nachhaltige Röcke, Kleider und Jacken in leuchtenden Farben und aus natürlichen Materialien.

◁ *Das Brauhaus von Svaneke ist eine der populärsten Mikrobrauereien Dänemarks*

■ **Svaneke Bolcher** <082> Svaneke Torv 7, Tel. 56496282, www.svanekebolcher. dk, geöffnet: tgl. 10–18 Uhr. In der Bonbonfabrik in einem über 200 Jahre alten Kaufmannshof werden die runden Leckereien nach alter Rezeptur hergestellt. Inhaber Thomas Ibsen segelte 18 Jahre lang als Schiffskoch über die Weltmeere, bevor er die Idee zur Bonbonherstellung hatte. Dann vergingen noch mal fünf Jahre, bis er mit der Rezeptur zufrieden war. In der Sommersaison darf man den Bonbon-Machern bei der Arbeit zuschauen; sie beantworten geduldig alle Fragen, während sie über 30 farbenfrohe Bonbonsorten zaubern. Die Produkte erkennt man am Schwan.

■ **Svaneke Chokoladeri** <083> Svaneke Torv 5, Tel. 56497021, www.svanekechokoladeri.dk, geöffnet: Mo.–Fr. 10–17, Sa./So. 11–16 Uhr. Die Spezialitäten der Schokoladenfabrik sind handgemachte Schokolade und Pralinen mit Rohwaren aus ökologischem Anbau und ungewöhnlichen Geschmackskombinationen, wie z. B. Biertrüffel. Naschkatzen kommen an diesem Laden nicht vorbei!

■ **Svaneke Købmandshandel** <084> Torvet 2, Tel. 56497161, www.svanekekoebmandshandel.dk, geöffnet: Mo. 11–17.30, Di.–Fr. 10–17.30, Sa. 9–14 Uhr. Im Tante-Emma-Laden von Susanne Kristiansen wird das Einkaufen zum Erlebnis und zu einer Reise in längst vergangene Tage. In dem vollgestopften Laden steht, hängt und liegt alles von Lebensmitteln, Bioprodukten, Gewürzen, selbst gebackenen Cookies bis hin zu Haushaltsgegenständen und geflochtenen Körben. Die über 50 Jahre alte Einrichtung stammt im Original aus dem Vorgängerladen. Tipp: Bornholmer Pasta! Susanne Kristiansen hat die außergewöhnlichen Nudelsorten der Firma Pastariget im Sortiment, der einzigen Pastafabrik Dänemarks mit Sitz in Svaneke.

Glaskunst von Pernille Bülow

Schon als Kind war Pernille Bülow künstlerisch begabt. Sie bastelte kleine Figuren und Schmuck aus Strandgut und konnte bereits im Alter von zehn Jahren erste Produkte verkaufen. Als sie das erste Mal eine Glasbläserei besuchte, war sie fasziniert von dem wandelbaren Material – ihr Berufswunsch stand fest. Sie absolvierte eine **Ausbildung zur Glasbläserin** an der renommierten Glasschule von Orrefors in Schweden und zog anschließend nach Bornholm, wo sie zunächst bei **Baltic Sea Glass** (s. S. 54) arbeitete. 1985 machte sie sich selbstständig, pachtete zunächst die Snogebæk Glashytte und gründete vier Jahre später ihre eigene Firma. Mit den unkomplizierten, aber dennoch individuellen und aussagekräftigen Formen ihrer Glaskunst wurde sie schnell bekannt, auch außerhalb Bornholms. Für einige ihrer Kreationen wurde sie mit dem unter skandinavischen Künstlern begehrten **Formland-Designpreis** ausgezeichnet.

Pernille Bülows Glaskunst beschränkt sich nicht nur auf Gläser, Schüsseln, Vasen und andere Dekoelemente, sie stellt auch Schmuck in allen Farben des Regenbogens her. Seit 2005 arbeitet sie mit einer **Frauenorganisation in Ghana** zusammen, die alleinerziehende Mütter unterstützt. Ergebnis dieser Kooperation sind außergewöhnlich schöne und individuelle Fair-Trade-Schmuckstücke aus recyceltem Altglas, die afrikanische Lebenslust mit skandinavischer Inspiration verbinden. Durch die Zusammenarbeit verdienen die ghanaischen Frauen Geld, mit dem sie ihren Kindern Bildung und eine bessere Zukunft bieten können.

Im **Glasstudio** kann man Pernille Bülow, sofern sie da ist, bei ihrer Arbeit zusehen. Im Rahmen von **Workshops** hat man Gelegenheit, das Glasblasen einmal selbst auszuprobieren.

■ **Pernille Bülow** <085> Brænderigænget 8, Tel. 56496672, www.pernillebulow.dk, geöffnet: Mo.–Fr. 9–17.30, Sa./So. bis 15 Uhr, Juli/Aug. Mo.–Fr. bis 21 Uhr

Johan Bülow Lakrids – von Svaneke aus in die ganze Welt

Johan, der **Sohn der Glaskünstlerin Pernille Bülow,** experimentierte 2007 mit den verborgenen Schätzen der Süßholzwurzel, mischte diese mit verschiedenen Zutaten und erfand so im Alter von 23 Jahren die wohl erste **Gourmet-Lakritze** der Welt. Er wurde damit so erfolgreich, dass die Lakritze mittlerweile in einem Werk bei Kopenhagen hergestellt wird – handgerollt, wie gehabt.

In seinem ersten Laden, der sich neben dem Glasstudio seiner Mutter befindet, wird die Lakritze zwar nicht mehr hergestellt, aber in den Regalen stehen unzählige Sorten der köstlichen Leckerei als Kügelchen in hübschen Dosen zum Verkauf. Die **Geschmacksrichtungen** gehen von Chili über Johannisbeere bis zu Passionsfrucht-Schokolade. Seine geheime Rezeptur besteht aus Rohmaterialien von einheimischen Erzeugern und enthält keine Zusatzstoffe. Bevor man sich zum Kauf entschließt, darf man von jeder Sorte naschen. Auch wer Lakritze vielleicht gar nicht mag, kann hier nicht widerstehen.

Wer mit dem Flugzeug über **Kopenhagen** anreist, findet am dortigen **Flughafen** gleich zwei Verkaufsstellen – natürlich darf man auch dort die leckeren Köstlichkeiten zunächst probieren, bevor man sich zum Kauf entschließt.

Wem die Bülow'schen Lakritzkreationen munden, der kann sie nach dem Urlaub beim Lakritzkontor in Potsdam unter **www.lakrids.de** online bestellen.

■ **Johan Bülow Lakrids** <086> Glastorvet 1, Tel. 56496822, geöffnet: Mo.–Fr. 9.30–17.30, Sa. 9–15 Uhr

㊷ Nexø ★   [H8]

Fischverarbeitungsbetriebe, schwedische Holzhäuser und Martin Andersen Nexø, der geistige Vater von „Pelle der Eroberer".

In der **zweitgrößten Stadt der Insel** gibt es weder farbenfrohe Gassen noch künstlerisches Flair wie in Svaneke ㊳. Auch einen malerischen Hafen mit Meerblick sucht der Besucher vergebens, denn Gebäude und Lagerhallen verstellen meist die Sicht. Passend dazu, wenn auch in einem anderen Kontext, zitierte der hier aufgewachsene Schriftsteller **Martin Andersen Nexø** seine Mutter: „Aussicht gibt es hier genug – wenn nur die Aussichten ein wenig besser wären". Die **industriell geprägte Hafenstadt** mit Bornholms größter Fischereiflotte ist kein Ort, an dem der Bornholm-Urlauber lange verweilen möchte. Auf dem Weg von Svaneke zu den Stränden im Süden hält man vielleicht kurz in Nexø an, um die hier zu findenden **Sehenswürdigkeiten**, darunter drei Museen, zu besichtigen. Danach steigt man ein und fährt weiter. Nexø ist allerdings auch als Standort der renommierten Glas- und Keramikschule Bornholm bekannt.

Der Ort, der 1346 vom Erzbischof von Lund die Stadtrechte verliehen bekam, war im Laufe der Jahrhunderte immer wieder Ziel von Plünderungen, Seuchen und Naturkatastrophen. Im **Zweiten Weltkrieg** wurde die Stadt durch russische Bomber **fast völlig zerstört** (s. S. 16). An diese Zeit erinnern 75 verschiedenfarbige Holzhäuser im Stadtteil **Svenskebyen (Schwedenstadt)**, die der skandinavische Nachbar Nexø nach dem Krieg zum Wiederaufbau schenkte.

⌂ *Am Hafen von Nexø laden einige Cafés zum Verweilen ein*

㊸ Nexø Museum ★★ [H8]

Das **gelbe Sandsteingebäude** direkt am Hafen, das 1796 als Arresthaus gebaut wurde, fungierte danach als Gericht, Rathaus und Lagerhaus. 1970 wurde es zum **Stadtmuseum** umfunktioniert. Auf drei Ebenen befasst sich die detaillierte Ausstellung mit der Geschichte von Nexø㊷. Das Erdgeschoss widmet sich der Schifffahrt und Fischerei, der erste Stock beschäftigt sich anhand zahlreicher Fotos und Dokumente, Waffen und Fundsachen aus Trümmern mit der deutschen Besatzungszeit und dem Zweiten Weltkrieg (s. S. 16). Im zweiten Stock werden Gegenstände aus dem Bornholmer Alltag und dem Handel präsentiert.

❭ Havnen 3, Tel. 56492556, www.nexoe museum.dk, geöffnet: Mitte Mai–Juni u. Sept.–Mitte Okt. Mo.–Fr. 13–16 Uhr, Juli/Aug. Mo.–Fr. 10–16, Sa. 10–14 Uhr. Eintritt: Erw. 40 dkr, Kinder 13–18 J. 20 dkr, Kinder unter 13 J. Eintritt frei

㊹ Andersen Nexøs Hus ★★★ [H8]

Hätte die **Verfilmung seines Monumentalwerks „Pelle der Eroberer"** (s. „Gudhjem goes Hollywood", S. 49) nicht so viele Filmpreise inklusive des Oscars eingeheimst, gäbe es das Museum wohl kaum, denn in seinem Heimatland war Nexø als Kommunist und späterer DDR-Ehrenbürger nicht sehr beliebt, auch wenn seine Bücher in 44 Sprachen übersetzt und weltweit viel gelesen wurden.

Das **kleine, gelb gestrichene Haus,** in dem Martin Andersen Nexø einen Teil seiner Kindheit verbrachte, ist seit 1990 ein **Museum** mit persönlichen Gegenständen und Gemäldeporträts des Schriftstellers.

Martin Andersen Nexø wurde 1869 in ärmlichen Verhältnissen in Kopenhagen als Martin Andersen geboren.

Sehenswürdigkeiten
㊸ Nexø Museum
㊹ Andersen Nexøs Hus
㊺ Eisenbahnmuseum DBJ
㊻ Schmetterlingspark

🟧 **Übernachtung**
6 Nexø Hostel
7 Bornholmtours

🟦 **Essen und Trinken**
5 Culinarium
🟩 **Einkaufen/Sonstiges**
3 Nexø Apotek
4 Intersport
8 Nexø Turistinformation

🟥 **Aktiv**
1 Stenbrudssø
2 Bornholms Trolling & Marine Center
9 Check Point Marine

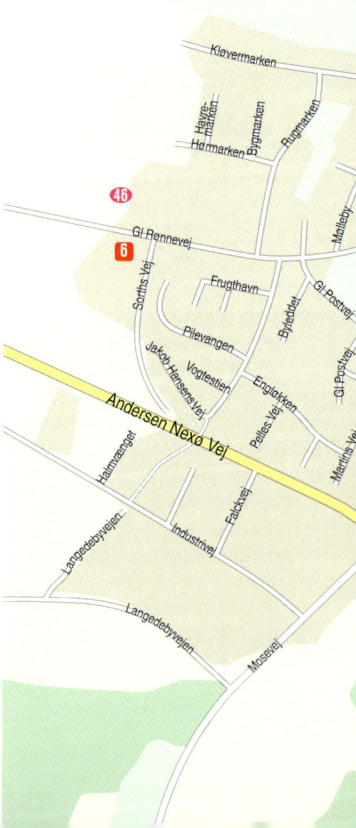

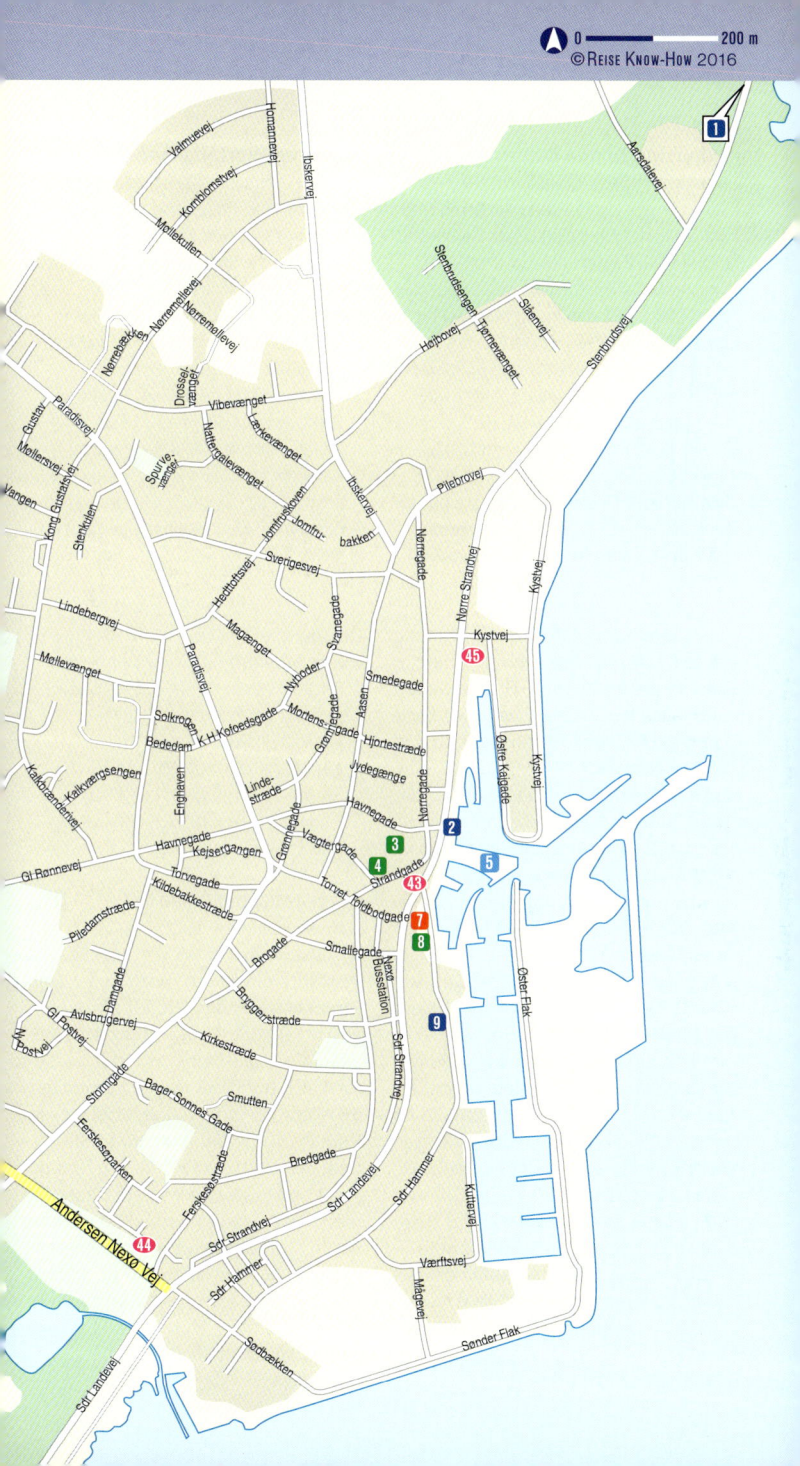

Exkursion zu den Bautasteingruppen Gryet und Hjortebakken

Westlich von Nexø ⓯ befindet sich, versteckt in dem kleinen **Wald von Gryet**, eine der größten Bautasteingruppen Bornholms (Näheres zu Bautasteinen: s. S. 60). Die ältesten Gryet-Bautasteine werden auf die Zeit 1000 v. Chr. datiert, wurden aber bis in die Wikingerzeit genutzt. Die Steine sind in verschiedenen Gruppen angeordnet, was auf Bestattungen einzelner Familien oder Dorfgemeinschaften hinweist.

Drei Kilometer westlich, weiter im Landesinneren, liegt der **Hügel Hjortebakken**. Auf einer Lichtung in einem Wäldchen befindet sich ein sogenannter **Domarring** (Steinkreis), bestehend aus zehn großen und neun kleinen Steinen. Diesen Ort nutzten die Wikinger für Feuerbestattungen.

❯ **Anfahrt zum Gryet:** Ab Nexø gelangt man über die Straße 38 nach Bodilsker, ca. 200 m westlich der Bodils Kirke biegt man ab und fährt auf dem Bjergegårdsvej in nördliche Richtung. Man achte auf das Hinweisschild zum Gryet.

❯ **Anfahrt zum Hjortebakken:** Anfahrt wie Gryet, aber auf der Straße 38 ca. 3 km weiter in westliche Richtung fahren.

❯ Da es nur wenige Parkplätze gibt, empfiehlt sich eine **Radtour**. Eine **Busverbindung** zu den Bautasteingruppen **gibt es nicht**.

1877 kam er mit seinen Eltern nach Nexø ⓯. Sein Vater fand Arbeit in den nahe gelegenen Steinbrüchen und der kleine Martin selbst arbeitete schon mit acht Jahren als Hirte und Stallknecht. Mit 15 begann er eine Schuhmacherlehre, bildete sich danach an der Volkshochschule Askov, der ersten Volkshochschule Europas, in Sønderjylland weiter, machte sein Lehrerexamen und begann, erste Artikel für Zeitungen zu verfassen. Seinem Nachnamen fügte er nun Nexø hinzu. In seinem mehrbändigen Roman „Pelle der Eroberer", an dem er 1906–1910 schrieb, arbeitete er seine Kindheit auf und beschrieb das harte Leben der Steinbrucharbeiter, Bauern und Fischer auf Bornholm im späten 19. Jh. So schuf er den ersten **Arbeiterroman** der dänischen Literatur. Nexø trat 1920 in die DKP ein und wurde 1941, während der deutschen Besatzung in Dänemark, aufgrund seiner kommunistischen Gesinnung interniert. Ihm gelang die Flucht nach Schweden, später in die Sowjetunion. Ab 1951 lebte er in Dresden, wo er 1954 starb. Begraben wurde er allerdings in Kopenhagen.

❯ Ferskesøstræde 36, Tel. 56494542, www.andersennexoe.dk, geöffnet: Mai/Juni u. Sept.–Mitte Okt. Mo.–Fr. 13–16 Uhr, Juli/Aug. Mo.–Fr. 10–16, Sa. 10–13 Uhr, Eintritt: Erw. 40 dkr, Kinder 13–18 J. 20 dkr, Kinder unter 13 J. Eintritt frei

⓰ Eisenbahnmuseum DBJ ★★ [H8]

In der Zeit von 1900 bis 1968 war die **Eisenbahn** eines der wichtigsten Verkehrsmittel auf Bornholm. Das **Streckennetz** zog sich auf einer Länge von 91 Kilometern auf drei Strecken über die Insel. In Nexø ⓯ befand sich bis 1968 die Endstation der 36 Kilometer langen Bahnstrecke von Rønne ❶. Die Bahn verlor an Bedeutung, als nach dem Krieg zunehmend Pkws und Lkws den Verkehr übernahmen. Viele alte Bahnstrecken werden heute als Radwege genutzt, die ehemaligen Bahnhofsgebäude haben sich heute u.a. in Restaurants, Pensionen, Schulen, Museen oder Privathäuser verwandelt.

Das **Museum am Hafen**, das in einem ehemaligen Bootsschuppen untergebracht ist, präsentiert die Geschichte der Bornholmer Eisenbahngesellschaft **De Bornholmske Jernbaner (DBJ)** aus der Zeit von 1900 bis 1960 anhand historischer Eisenbahnwagen, Signalanlagen und Schautafeln.

❯ Nordre Strandvej 8, www.dbj.dk, geöffnet: Juni–Mitte Sept. Mo.–Fr. 10–16, Sa. 10–14 Uhr, Eintritt: Erw. 30 dkr, Kinder 10–14 J. 20 dkr, Kinder unter 14 J. Eintritt frei

46 Schmetterlingspark ★★★ [H8]

In dem großen gläsernen **Treibhaus** hat man das Gefühl, sich mitten in den Tropen zu befinden. Über 1000 farbenfrohe **Schmetterlinge** flattern zwischen **exotischen Pflanzen** umher. Kolibris, Papageien und Sittiche zwitschern, die kleinen, künstlich angelegten Bäche und Seen plätschern und es duftet wie im Regenwald. Hier bietet sich die einmalige Gelegenheit, den Schmetterlingen ganz nahe zu kommen und ihr Paarungsspiel zu verfolgen. An den Pflanzen erkennt man deutlich die Eier, die gerade ausgesetzt wurden sowie die Puppen und Larven.

Im Park gibt es ein **Café**, in dem neben Snacks und Getränken auch Geschenkartikel, Postkarten und Souvenirs verkauft werden.

❯ Bornholms Sommerfuglepark, Gl. Rønnevej 14 b, www.sommerfugle parken.dk, geöffnet: Mai–Mitte Sept. tgl. 10–17 Uhr, Eintritt: Erw. 90 dkr, Kinder 4–12 J. 60 dkr, Kinder unter 4 J. Eintritt frei, Familienkarte (2 Erw., 2 Kinder) 250 dkr

Infos und Reisetipps

■ **Nexø Turistinformation** <087> Søndre Hammer 2 a, Tel. 56497079,

www.oestbornholm.dk, geöffnet: Mai–Aug. Mo.–Fr. 10–17, Sa. 10–14 Uhr, Sept. 10–17 Uhr, Okt.–April Mo.–Fr. 12–17 Uhr

Unterkunft

■ **Nexø Hostel** € <088> Rønnevej 17 a, Tel. 70220898, www.nexohostel.dk. **Preisgünstig nächtigen:** Das Hostel mit 50 Betten in 23 Zimmern auf zwei Etagen ist in einer ehemaligen Möbelfabrik untergebracht und ganzjährig geöffnet. Es gibt DZ und Mehrbettzimmer mit Küchenzeile und Gemeinschaftsbadezimmer auf jeder Etage, kostenloses WLAN und einen Garten mit Sitzmöbeln im Innenhof. Mit dem Fahrrad ist man in weniger als fünf Minuten im Zentrum von Nexø, eine Bushaltestelle ist nicht weit vom Hostel entfernt. Achtung: Nur Barzahlung möglich!

Essen und Trinken

■ **Culinarium** €€ <089> Havnen 4 a, Tel. 56443361, www.culinarium-born holm.com, geöffnet: Juni–Okt. tgl. mittags/abends, Sa. ab 17.30 Uhr. Seit 2012 betreiben Claus Dalitz und Katharina Koch aus dem Raum Fulda im Sommer das Restaurant am Hafen. Hier werden hauptsächlich Fischgerichte und deutsche Weine aufgetischt. Angenehme Atmosphäre und herzlicher Service. Einfache, preiswerte Mittagsgerichte, die Hauptgerichte am Abend sind etwas teurer, Vegetarisches auf Anfrage. Es gibt eine Terrasse mit Blick auf den Jachthafen.

Einkaufen

■ **Intersport** <090> Strandgade 3, Tel. 56491050, www.intersport.dk, geöffnet: Mo.–Fr. 10–17.30, Sa. 9.30–13 Uhr. Badesachen, Turnschuhe, Sportoutfits oder sonstiges Zubehör zuhause vergessen? Bei Intersport wird man garantiert fündig.

045bh-cl

Der Süden

Im Süden der Insel ziehen sich wei-
ße Sandstrände kilometerweit dahin
und in den Kiefernwäldern entlang
der Küste verstecken sich etliche Fe-
rienhäuser und Campinghütten. Der
Süden ist das Bade- und Surfpara-
dies schlechthin. An der Südspitze
Dueodde 49 befindet sich Bornholms
wohl schönster und beliebtester
Strand mit beinahe puderzuckerarti-
gem Sand.

47 Balka Strand ★★ [H9]

In der **kreideweißen Sandbucht** drei
Kilometer südlich von Nexø 42, die
sich bis nach Snogebæk 48 hinzieht,
fällt der Strand so flach ins Meer ab,
dass man sehr weit hinausgehen
muss, um schwimmen zu können.
Gerade deshalb ist er bei **Familien
mit Kindern** sehr beliebt. Balka wurde mehrmals als **Dänemarks bester
Strand** ausgezeichnet.

Hier hat **Bornholms einzige Surf-
schule** ihren Standort (Eastwind,
s. S. 87). In den Sommermonaten kann man am Strand Tretboote,
Windsurfequipment, Sonnenschir-
me und Liegestühle mieten, in un-

mittelbarer Strandnähe gibt es Toiletten, ein Restaurant und einen
Parkplatz. Der Strand wird während
der Hochsaison von Lebensrettern
beaufsichtigt.

❯ **Anfahrt mit dem Auto:** ab Rønne ❶
am schnellsten über die Straße 38
Richtung Nexø

❯ **Anfahrt mit dem Bus:** ab Rønne Linie 5,
ab Nexø Linien 3 und 7 bis Balka

Unterkünfte

❯ **Balka Strand Familiecamping** <091>
Klynevej 6, Tel. 24893773, www.bal
kastrand-familiecamping.dk. **Familien-
freundlichkeit wird hier großgeschrieben:** Der Campingplatz mit hellen Hüt-
ten und Wohnwagen befindet sich direkt
am Meer und hat vor allem für die Kleinen sehr viel zu bieten: ein Aktivpro-
gramm während der Hauptsaison sowie
drei Spielplätze, Tretmobile, Dreiräder,
Hüpfkissen, Spielschiff, Fußballplatz,
Basketballfeld, Tischtennis, Kicker und
Bouleflächen. WLAN auf dem gesamten
Campingplatz.

⌂ *Der kleine Strand von Snogebæk*

> Hotel Balka Strand €€ <092> Boulevarden 9 a, Tel. 56494949, www.hotelbal kastrand.dk. **Herzliche und persönliche Atmosphäre:** Familienzimmer und Apartments mit Miniküche zur Selbstversorgung, alle Zimmer mit Terrasse und Gartenmöbeln. Der hoteleigene Strand ist lediglich 150 m entfernt, es gibt einen Außenpool, einen schönen Garten mit Bäumen und Sträuchern, einen Fahrradverleih und einen Spielplatz für Kinder. Hunde sind willkommen.

48 Snogebæk ★★ [H9]

Das **kleine Fischerdorf** südlich von Nexø 42 liegt zwischen dem Balka Strand 47 und dem Dünenparadies Dueodde 49. **Wahrzeichen** ist der **Inselhafen** aus dem 19. Jh., der durch eine einhundert Meter lange **Holzbrücke** mit dem Ort verbunden ist. Im Sommer herrscht auf der Flaniermeile des 700 Einwohner zählenden Dörfchens eine wahrhaft südländische Atmosphäre mit einem vielseitigen Café- und Restaurantangebot, bunten Läden mit Kunsthandwerk, Antiquitäten, Bekleidung und einer Schokoladenwerkstatt, die zum Naschen einlädt.

Ab Mitte Mai findet jeden Samstag am Hafen **Bornholms größter Flohmarkt**, der **Kræmmermarked**, statt und im Juli das große **Hafenfest** (Snogebæk Havnefest, s. S. 101).

Unterkunft

> **Steffi Schroeter,** die auch den Blog www.bornholmmylove.com betreibt (s. Exkurs zur „hygge" auf S. 12), vermietet gemeinsam mit ihrem Mann zwei liebevoll eingerichtete **Ferienhäuser in Snogebæk** 48, 150 Meter vom Hafen und dem schönen Balka Strand 47 entfernt. Buchung, Details und Fotos auf www.bin-am-meer.com.

Essen und Trinken

> **Æblehaven** €€–€€€ <093> Hovedgade 15, Tel. 56488885, www.aeblehaven.com, geöffnet: Juni–Sept. tgl. 18–23 Uhr. Ein Mix aus thailändischer und dänischer Küche – die Köchin und Ehefrau des Inhabers kommt aus Thailand. Sehr schönes, helles und freundliches Ambiente mit Naturfotografien an den Wänden. Mit Dreigängemenü und À-la-Carte-Speisen etwas hochpreisiger, aber genau das Richtige, wenn man sich mal etwas Besonderes gönnen möchte.

> **Sørens Værtshus** €€ <094> Hovedgade 1 g, Tel. 65488020, www.sørens værtshusbornholm.dk, geöffnet: Mitte Mai–Mitte Sept. tgl. 20–24 Uhr. Die rustikale Kneipe mit Kajütenflair ist Snogebæks Anlaufstelle für Nachtschwärmer. Von der Veranda genießt man die Aussicht auf die Seebrücke. Livemusik von Mitte Juni bis Aug. Zu essen gibt es Pappas Pizza, die in in sieben Varianten und zwei Größen bestellbar ist.

Einkaufen

> **Bo Bendixen** <095> Hovedgade 10, Tel. 56488557, www.bobendixen.com, geöffnet: im Sommer Mo.–Fr. 10–17, Sa. 10–14 Uhr. Kunterbunte und außergewöhnliche T-Shirts, Sweatshirts, Badebekleidung, Accessoires und Postkarten des dänischen Grafikdesigners Bo Bendixen, der seinen Kunden mit seinen Entwürfen eine positive Botschaft übermitteln möchte, um sie in eine gute Stimmung zu versetzen.

> **Fotogalleri Bornholm** <096> Nørrevej 1, Tel. 56446065, www.fotogalleri-born holm.dk, geöffnet: Anf. Juni–Mitte Sept. Mo.–Sa. 11–17 Uhr. Wunderschöne Fotografien von Strand und Meer von dem deutschen Naturfotografen Udo Schroeter. Die Fotografien sind auf Mikrofaser-Leinwände gedruckt – was nicht ins Auto oder ins Flugzeug passt, wird per Post an die Zieladresse geschickt.

Galleri PW & Sobczyk

Die Künstlerin **Pernille Werner** hat ihre kleine Galerie im August 2015 zusammen mit ihrem Freund **Mikkel Sobczyk** eröffnet. Pernille ist in Bornholm aufgewachsen, zog später nach Kopenhagen und Lissabon, vermisste ihre Familie und die Insel aber dermaßen, dass sie nach vier Jahren wieder zurückkam. Seit 2010 arbeitet sie als Lehrerin an einer Privatschule in Rønne ❶. Die Malerei hat sie sich autodidaktisch beigebracht – inspiriert wurde sie durch ihren Vater, der in Tejn ㉔ eine Kunstgalerie besaß. Die junge Künstlerin zeichnet und malt einzigartige abstrakte und geometrische Bilder mit Bornholmer Motiven.

Da Pernille und Mikkel beide berufstätig sind, gibt es **keine festen Öffnungszeiten**. Meistens ist die Galerie an Wochenenden, ab und zu am späten Nachmittag sowie nach telefonischer Absprache geöffnet.

❯ **Galleri PW & Sobczyk** <099> Den gamle Levertranfabrik, Hovedgaden, Snogebæk, Tel. 30244959, Facebook-Seite

❯ **Kjæstrup Chokoladeglæde** <097> Hovedgade 9–13, Tel. 56488089, www.kjaerstrup.dk, geöffnet: tgl. 11–16 Uhr, Ende Jan.–Ende Feb. geschlossen. Handgemachte Schokolade, an der man einfach nicht vorbeikommt!

❯ **Kræmmermarked am Hafen** <098> geöffnet: Mitte Mai–Mitte Sept. Sa. 9–13 Uhr. Hier gibt es alles von Bekleidung und Büchern über Kunsthandwerksartikel, allerlei Nippes, Möbel und Geschirr bis hin zu kulinarischen Leckereien.

▷ *Gefahrloses Baden: Rettungsring in den Dünen von Dueodde*

㊾ Dueodde ★★★ [G10]

Dünen, die einer Gebirgslandschaft gleichen, sagenhafte weiße Sandstrände, die es mit jedem exotischen Karibikstrand aufnehmen können, und dahinter das glitzernde Meer. Sogar während der Hochsaison findet man hier ein ruhiges Plätzchen.

Dueodde, die **äußerste Südspitze Bornholms**, ist kein Ort, sondern eine **gigantische Dünenlandschaft,** die sich von Snogebæk ㊽ im Südosten bis Boderne im Südwesten über eine Länge von über zwölf Kilometern erstreckt. Die Dünen erreichen hier eine Höhe von bis zu zwölf Metern. Dueodde ist das Synonym für Traumstrand schlechthin. Hier liegt man auf extrem feinem, weißen **Quarzsand,** der früher für Sanduhren verwendet wurde. An den breitesten Stellen, direkt an der Südspitze, misst der Strand über 300 Meter. Aufgrund der zahlreichen **Sandbänke** findet man nah am Ufer wahlweise flache und tiefe Stellen. Der Strand wird ob der hohen Qualität des Wassers und des nachhaltigen Umgangs mit der Natur immer wieder mit dem **Gütesiegel Blaue Flagge** ausgezeichnet. Bei der Wahl zum besten Strand Dänemarks erhielt er mehrmals Erstplatzierungen. Am Westende von Dueodde befindet sich der kleine **Nudistenstrand Jomfrugård.**

Zum Strand führt ein 600 Meter langer **Holzplankendamm** neben dem Dueodde Badehotel (s. S. 73), der sich durch den Kiefernwald und die Dünen windet und auf dem man Kinderwagen und Fahrrad bis zum Strand mitnehmen kann – er ist auch für Rollstühle geeignet. Der **Parkplatz** beim Badehotel ist mit einem **Kiosk** und **Toiletten** ausgestattet. Hier befindet sich auch eine **Bushaltestelle.**

Wahrzeichen Dueoddes ist der aus dem Kiefernwald ragende **Leuchtturm Dueodde Fyr** ⬤.

Im Kiefernwald, in der Nähe der Straße nach Snogebæk ⬤, befinden sich alte **Betonbunker** und Schießanlagen, die während des Zweiten Weltkriegs (s. S. 16) von der deutschen Wehrmacht errichtet wurden. Sie sollten Teil des Atlantikwalls werden; das Projekt wurde jedoch vor Bauende auf Eis gelegt und die Bauten kamen nie zum Einsatz.

❯ Parplatz am Fyrvejen, ab Rønne ⬤
  Buslinie 8 bis Dueodde Badehotel

⬤ Dueodde Fyr ★ ★ ★   [G10]

Der mit einer Feuerhöhe von 48 Metern **höchste Leuchtturm Dänemarks** hat eine Reichweite von rund 35 Kilometern. Die fast 200 Stufen hinauf zur **Plattform** des Leuchtturms sind zwar mühsam, ganz besonders an warmen Tagen, aber die **Aussicht** macht die Mühe wett – der Ausblick über Dünen und Strand ist einfach fantastisch. Der weiß-blaue, achteckige Leuchtturm aus Stahlbeton ist seit 1962 in Betrieb. Er ragt zwischen den Sanddünen und dem Kiefernwald hervor und dient als **hervorragender Orientierungspunkt** bei Strand- und Dünenwanderungen.

❯ am Dueodde Strand, geöffnet: Juli–Mitte Aug. tgl. 11.30–15 Uhr, Mitte Aug.–Ende Sept. Di.–Do. 11.30–15 Uhr, Eintritt: 10 dkr, Kinder bis 14 J. 5 dkr

Unterkünfte

Das **Angebot an Ferienhäusern** ist nirgendwo auf Bornholm größer als in Dueodde. Die schönsten Häuser, aber auch die teuersten, stehen westlich des Dueodde Fyr ⬤ in Richtung Sømarken. Außer dem Dueodde Badehotel gibt es hier keine Hotels.

❯ **Dueodde Badehotel** €€ ‹100› Sirenevej 2, Tel. 56958566, www.teambornholm. dk/dueodde. **Urlaub mit Kind und Kegel:** Das Hotel befindet sich in einem Kiefernwald, direkt am Holzdamm zum Strand. 4-Sterne-Apartmenthotel mit hellen Doppelzimmern und Ferienwohnungen für 2–4 Personen, jeweils mit Terrasse oder Balkon. Spiel- und Grillplatz, kleines Café, das zur Anlage gehört. Radwege gibt es nur 200 m entfernt.

❯ **Dueodde Familiecamping & Hostel** € ‹101› Strokkegårdsvejen 17, östlich vom Dueodde Fyr, Tel. 20146845, www. dueodde.dk, geöffnet: Mai–Sept. **Campen am Meer:** Großzügiger Campingplatz, auch mit Mietwohnwagen, zweckmäßiges Hostel und eine Ferienwohnung stehen zur Verfügung. Gemeinschaftsraum mit Küche, Familienbadezimmer, Hallenbad, Minimarkt, Radverleih, Internetcafé und kostenloser WLAN-Hotspot, Spielplatz mit Hüpfburg. Im Café Dueodde, das zum Hostel gehört, gibt es Frühstücksbuffet, einfache Mittagsgerichte und abends Pizza. Hunde sind auf dem Campingplatz willkommen, allerdings nicht in den Mietwohnwagen, dem Hostel und den Ferienwohnungen.

046bh-cl

Essen und Trinken

Dueodde ist ein Strand- und Dünengebiet, deshalb gibt es hier außer dem Diner & Steakhouse keine weiteren Restaurants. Am Parkplatz am Fyrvejen befinden sich noch eine kleine **Grillbar**, wo es Burger und Hotdogs gibt, sowie einige **Eisstände**. Empfehlenswerte Restaurants finden Urlauber im nicht weit entfernten Snogebæk **48**.

› **Dueodde Diner & Steakhouse** € <102> Fyrvejen 5, Tel. 56485510, www.dueod desteakhouse.dk, geöffnet: Ende Mai– Mitte Sept. tgl. 11–21 Uhr. Das im Westernstil eingerichtete Steakhaus serviert außer Steaks auch Fischgerichte. *Smørrebrød* (belegte Brote) gibt es von 11 bis 16 Uhr. Preiswerte Mittagsangebote.

Einkaufen

› **Kiosk Dueslaget** <103> Fyrvejen 3, Tel. 56488763, geöffnet: im Sommer tgl. ab 10 Uhr, je nach Wetter oft bis 22 Uhr. In der Boutique von Henny Jensen findet man für Frau alles, was das Herz begehrt: italienische Mode, Badeanzüge, Bikinis, Schmuck, Wohnaccessoires und Bornholm-Souvenirs.

Kreuzung von Längen- und Breitengrad

Das gibt es nirgendwo sonst in Dänemark: Folgt man dem **Pfad vom Parkplatz am Café Slusegaard** (s. S. 75) **zur Küste** hinunter, gelangt man zu einer Stelle, an der sich ein Längen- und Breitengrad kreuzen. Dieser Knotenpunkt, an dem man auf 15 Grad östlicher Länge und 55 Grad nördlicher Breite steht, ist mittels einer **Granitplatte mit der Aufschrift „Det geografiske knude- punkt"** („Geografischer Knoten- punkt") markiert.

51 Sankt Pouls Kirke ★ [G9]

Die hübsche, weiß gekalkte Kirche steht auf einem **einsamen Hügel** an der Straße nach Rønne **1**, westlich von Snogebæk **48**. Sie wurde 1248 ohne Kirchturm gebaut. Neben **Fresken** aus der Zeit um 1560 und drei seltenen, kreuzförmigen Fenstern hinter dem Altar, die erst 1987 entdeckt wurden, gibt es ein Fresko mit der ältesten Darstellung eines Backgammon-Spiels in Dänemark zu entdecken. Der **Glockenturm** steht etwas abseits der Kirche.

Poulsker selbst ist eher eine Ansammlung von weit verstreut liegenden Häusern als ein Ort.

› Poulskervej 13, Poulsker, geöffnet: Mo.–Fr. 8–16 Uhr

Sømarken und Slusegård

Der weiße Strand von Dueodde **49** setzt sich in westlicher Richtung mit den **Küstenstreifen Vester und Øster Sømarken** fort; dieser ist ganz hervorragend zum **Schnorcheln und Tauchen** geeignet. Die beiden Abschnitte bestehen hauptsächlich aus exklusiven Feriendomizilen, die etwas versteckt in den angrenzenden Kiefernwäldern liegen.

Zwischen Øster Sømarken und Dueodde erstreckt sich die **Heide- und Dünenlandschaft Slusegård**. An der Mündung des winzigen Flüsschens Øleå befindet sich eine größere **Grabstätte aus der Eisenzeit.** An den Ausgrabungen in den Jahren 1962 und 1964 war sogar die amtierende dänische Königin Margrethe II. beteiligt, damals noch Prinzessin und Studentin der Archäologie an der Universität Aarhus. Insgesamt wurden mehr als 1300 Brand- und Skelettgräber auf dem Gelände gefunden.

Eine weitere Attraktion in Slusegård ist die **Slusegårds Vandmølle**, eine alte **Wassermühle** aus der Zeit um 1800, die einen öffentlichen Zugang besitzt.

Parken kann man beim **Café Slusegaard** (s. unten).

❭ Grabstätte Slusegård <104>
❭ Slusegårds Vandmølle <105>

Essen und Trinken

❭ **Bakkarøgeriet** €€ <106> Østre Sømarksvej 29, beim Bootsanleger, Øster Sømarken, Tel. 56977120, www.bakkaroe geriet.dk, geöffnet: Mai–Okt. tgl. ab 11 Uhr. Gemütliche Fischräucherei aus dem Jahr 1938 mit Innen- und Außenplätzen direkt am Meer. Auf der Karte stehen geräucherter Hering und Lachs, Forellen, Makrelen, Knochenhechte, Flundern und geräucherte Garnelen. Abends mit Livemusik. Tipp: Geräucherter Hering *(røget sild)* schmeckt am besten, wenn er morgens um 11 Uhr frisch aus dem Räucherofen kommt.

❭ **Café Slusegaard** € <107> Strandvejen 10, Slusegård, Tel. 26718045, www.cafe-slusegaard.dk, geöffnet: Ende April–Weihnachten tgl. mind. 12–17 Uhr, im Sommer ab 10 Uhr, Details s. Website. Das im Juli 2013 eröffnete Café im Grünen ist in einem umgebauten Schweinestall beheimatet. Auf der Karte finden Süßschnäbel Pfannkuchen, Muffins, Eis und hausgemachten Kuchen wie „The Queen's Layer Cake", Lieblingskuchen von Königin Margrethe II. Daneben gibt es Herzhaftes wie Baguette, Sandwiches und Salate. Für die Speisen werden ausschließlich Bornholmer Produkte verwendet. Hier gilt die Devise „wenig, aber gut". Mit Außenterrasse. Angeschlossen ist Anjas Julelade (s. rechts).

❭ **Kadeau** €€€ <108> Baunevej 18, Vester Sømarken, Tel. 56978250, www.kadeau.dk, geöffnet: im Sommer tgl. 12–16 u. 17.30–24 Uhr, im Herbst/ Winter Do.–So. 17.30–24 Uhr. Das einzige Restaurant der Insel mit Michelin-Stern. Traumhafte Strandlage, wunderschönes Interieur, leckeres Essen mit Bornholmer Zutaten, auch vegetarische und vegane Speisen. Das Ganze hat selbstverständlich seinen Preis.

Einkaufen

❭ **Anjas Julelade beim Café Slusegaard** (s. links). Im alten Wagenschuppen und Pferdestall befindet sich die geräumige Weihnachtsscheune mit wunderschöner dänischer Weihnachtsdekoration und exakten Kopien von Kannen und Tassen, die bei den Ausgrabungen in Slusegård 1958–1964 gefunden wurden. In der Werkstatt darf man sich aus Fundmaterial von Wald und Strand seine eigene Deko zusammenstellen.

52 Pedersker ★ [F9]

Das kleine Örtchen mit rund 240 Einwohnern ist drei Kilometer nördlich von Sømarken zu finden und Standort des **Vingården Lille Gadegård**, des einzigen Weinguts der Insel (s. S. 106). Sehenswert sind die **Sankt Peders Kirke** 53 und die schmucke **Kirkemølle**, eine Windmühle aus Sandstein aus dem 18. Jh., die bis 1969 in Betrieb war.

Südlich des Ortes liegt der **Ringwall von Rispebjerg**, von dem allerdings nur noch Reste erhalten sind. Vermutlich stammt die Anlage aus der Zeit zwischen 50 und 300 n. Chr. Man nimmt an, dass die Ringburg während der Eisenzeit die größte auf Bornholm war. Heute sind nur noch einige kleine Palisadenringe und freigelegte Gräben zu besichtigen. In der Nähe der Anlage steht ein **Beobachtungsturm mit Informationstafeln** – von hier aus gewinnt man einen Überblick über die Ausmaße der Anlage.

53 Sankt Peders Kirke ★ [F9]

Der **Chor** der Kirche aus Silurkalkstein soll aus dem Jahr 1065 stammen, was ihn zum ältesten der Insel machen würde. Schmuckstücke sind der Kronleuchter und die gotischen Altarleuchter aus dem frühen 15. Jh. Auf dem **Friedhof** neben der Kirche befinden sich Gräber von drei gefallenen Soldaten – ein amerikanischer Pilot sowie zwei Piloten der Royal Air Force, deren Flugzeuge im Zweiten Weltkrieg über Bornholm abgeschossen wurden (s. S. 16).

> Søndre Landevej 63 k, geöffnet: Mai–Sept. Mo.–Sa. 7–16 Uhr

Boderne Strand

Der **schmale Sandstrand** an einer **langgezogenen Bucht**, der am Bootshafen beginnt, ist die Fortsetzung der Strände von Dueodde 49 und Øster Sømarken in westlicher Richtung. Besonders schön sind die kleinen Sandkuhlen in den **Dünen**, wo man jederzeit ein freies Plätzchen findet. Doch aufgepasst! Bei Wind gibt es eine **starke Brandung**: Kinder und Nichtschwimmer sollten sich dann besser vom Wasser fernhalten, denn es kann leicht passieren, dass sie mit der Brandung ins Meer gezogen werden.

Am östlichen Ende des Strandes befindet sich ein **Militärgelände**, auf dem **außerhalb der Saison Schießübungen** stattfinden. Während der Übungen ist das Gelände zwar abgesperrt, trotzdem sollte man dann vorsichtshalber auf Strandspaziergänge verzichten. Ein öffentlicher **Parkplatz** für 50 Autos und **Toiletten** gibt es gleich hinter dem Strand; während der Sommersaison wird dort auch ein Café betrieben.

> **Anfahrt:** ab Rønne 1 Buslinie 8

Die kleine Ortschaft Boderne, früher der **Hafen von Aakirkeby** 54, ist heute ein Ferienhausgebiet und Standort der stets gut besuchten, gigantischen **Pia Stærmose Boutique** mit Marken- und Designerklamotten.

> **Pia Stærmose** <109> Boderne 2, geöffnet: tgl. 10–18 Uhr, Tel. 56974226, www.piastaermose.dk

Unterkunft

> **Danhostel Boderne (Rosengaarden)** € <110> Bodernevej 28, an der Straße von/nach Rønne, Aakirkeby, Tel. 56974950, www.rosengaarden.dk. **Hostel auf dem Land:** Die Herberge mit 20 Zimmern, viele mit eigenem Bad und privater Terrasse, befindet sich inmitten grüner Gärten ca. 1 km vom Strand entfernt. Es gibt zwei behindertengerechte 4-Bett-Zimmer mit Bad. Zum Hostel gehört ein Café, im Sommer finden im Garten Grillabende mit Livemusik statt. Hunde sind willkommen. WLAN. Angeboten werden auch Kutschfahrten im Waldgebiet Almindingen (s. S. 126).

54 Aakirkeby ★ [E8]

Bornholms **drittgrößter Ort** ist die einzige größere Gemeinde, die nicht an der Küste liegt. Aakirkeby war ab dem Mittelalter mit dem **Sitz des Klerus und der Gerichtsbarkeit** Hauptstadt und politisches Machtzentrum der Insel, bis 1776 fungierte Aakirkeby als Standort des Parlaments.

Heute ist der Ort das landwirtschaftliche Zentrum des Südens. Hier befinden sich die **Rapsölmühle und Senffabrik Lehnsgaard** (s. S. 104), die Getreidemühle **Valsemølle** 58, die **Bäckerei** von Johannes Dam & Søn (s. S. 79), welche die berühmten **Bornholmer Roggenkekse** herstellt, sowie Bornholmer Slagteren, die einzige Großschlachterei der Insel.

Fachwerkhäuser prägen das Stadtbild; **Wahrzeichen** sind die bronzenen Gänse des Bildhauers Paul Rangelt auf dem Marktplatz und die prachtvolle Aakirke **55**. Aakirkeby trägt den **Beinamen Blumenstadt**, da Fenster, Hauswände und Vorgärten reich bepflanzt sind.

Jeden Donnerstag herrscht buntes Treiben in Aakirkeby, denn es ist **Markt**. Besucher erwartet ein vielfältiges kulinarisches und kulturelles Angebot. **Souvenirjäger** werden hier garantiert fündig.

55 Aakirke ★★ **[E8]**

Die Kirche aus Grünsandstein mit dem **imposanten Doppelturm** aus dem Jahr 1149 bestimmt die Silhouette des Ortes. Sie ist die größte und eine der ältesten Kirchen Bornholms und diente im Mittelalter als **Bischofskirche**. In der Eingangshalle der Kirche befinden sich zwei **Runensteine** (s. S. 27): Møllegårdsstenen und Grødbystenen.

Besonders sehenswert ist das wunderschöne, fast 1000 Jahre alte **gotländische Taufbecken** aus Sandstein, das mit nordischen und südeuropäischen Ornamenten verziert ist und Szenen aus dem Leben Jesu darstellt. Die Inschrift des Taufbeckens ist in **Runenschrift** verfasst. Das Taufbecken gilt als Zeugnis der **Christianisierung der Wikinger** (s. S. 78). Ein Hingucker ist die farbenfrohe **Kanzel** mit dem Wappen von Anna Katharina von Brandenburg, die durch die Ehe mit Christian IV. 1598 zur dänischen Königin gekrönt wurde.

❯ Storegade 2, www.aa-kirke.dk, geöffnet: tgl. 10–14 Uhr

🗹 *Die wuchtige Aakirke aus dem Mittelalter ist auch als Bornholmer Dom bekannt*

047bh-cl

Die Christianisierung der Wikinger

Im 10. Jh. n. Chr. versuchten dänische Könige, durch Übertritt zum Christentum ihre Herrschaft zu stabilisieren. Wikingerkönig Harald I. „Blåtand" („Blauzahn") Gormson (gest. 987) war einer der ersten, der sich um 965 taufen ließ. Es geschah wohl auf Druck von Kaiser Otto I., der 948 drei Bistümer in Dänemark gegründet hatte. Als sich der Wikingerführer aber daran machte, sein Volk zur Abkehr vom heidnischen Glauben zu bewegen, stieß er auf erbitterten Widerstand seines Sohnes Sven Gabelbart und dessen Entourage, die sich strikt weigerten, die Autorität der Erzbischöfe von Hamburg und Bremen über das dänische Königshaus anzuerkennen. Erst

Knut der Große, Sohn von Sven Gabelbart und als König von Dänemark, England, Südschweden und Norwegen dessen Nachfolger, trieb die Christianisierung voran. Er brachte englische Bischöfe nach Dänemark und errichtete Diözesen. Trotzdem gelang es ihm nicht, sich von der Vorherrschaft der Erzbischöfe von Hamburg-Bremen zu lösen. Erfolg hatte letztlich König Sven Estridsson mit der Errichtung eines Erzbischofssitzes in Lund im Jahr 1060.

Zeichen der Christianisierung auf Bornholm sind das Taufbecken mit Runenschrift in der Aakirke 55 und ein Runenstein in der Vorhalle der Rundkirche von Nylars 59.

56 Erlebniscenter NaturBornholm ★★★ [E8]

Wer sich interaktiv über das Leben auf Bornholm im Laufe der Jahrtausende informieren möchte, ist hier genau richtig.

Das *Edutainment Center* möchte Bildung unterhaltsam vermitteln und bringt die Besucher mittels einer **Zeitmaschine** in die Vergangenheit, als Bornholm vor 1,7 Mrd. Jahren in einem Inferno aus flüssiger Lava entstand. Auf der Zeitreise sind geologische Phänomene wie Erdbeben und die Schritte der Dinosaurier, die einst auf der Insel lebten, täuschend echt nachempfunden. Es gibt sogar ein lebensechtes Modell eines Sauriers zu bestaunen. Bornholm ist tatsächlich der einzige Ort in Dänemark, an dem der **Fußabdruck eines Dinosauriers** gefunden wurde. Eine Nachbildung des Abdrucks in Originalgröße ist hier ausgestellt.

Ansonsten sind in dem interaktiven Museum auch jede Menge **lebende Tiere** wie Krokodile, Schildkröten, Eidechsen, Kreuzottern und zahlreiche Fischarten zu sehen.

Angeschlossen sind ein **Laden** für Souvenirs und Geschenke sowie das **Selbstbedienungscafé Saurus.**

> Grønningen 30, Tel. 56940400, www. naturbornholm.dk, geöffnet: Ende März–Okt. tgl. 10–17 Uhr (Ticketverkauf bis 16 Uhr). Eintritt: Erw. 120 dkr, Kinder 3–11 J. 60 dkr. Bitte beachten: Besucher können sich ihr Ticket vor dem Verlassen des Centers am Eingang ohne Aufpreis in ein Dauerticket umwandeln lassen – dieses gilt dann für die ganze Saison, bis zum 31. Oktober. Bei einem erneuten Besuch gilt das Ticket allerdings nur in Verbindung mit dem Personalausweis.

▷ *In dem Granitblock verbirgt sich das Erlebniscenter NaturBornholm*

57 Bornholms Automobilmuseum ★★ **[E8]**

Das Herz eines jeden **Oldtimerfans** schlägt hier höher: 80 blank geputzte Fahrzeuge, darunter ein schmucker Belsize aus dem Jahr 1911, ein Ford A von 1930, ein NSU Prinz, ein Rolls Royce sowie Motorräder, Mofas und stationäre Motoren gibt es zu bewundern. Ole Hermansen hat sein ganzes Leben lang Autos und Motorenteile gesammelt, die alten Schmuckstücke selbst restauriert und seine Sammlung mit der Eröffnung des Museums 1989 der Öffentlichkeit zugänglich gemacht.

> Grammegårdsvej 1, ca. 1 km in Richtung Pedersker/Boderne, Tel. 56974595, www.bornholmsautomobilmuseum.dk, geöffnet: Mai–Okt. Mo.–Sa. 10–17 Uhr, Eintritt: Erw. 50 dkr, Kinder 4–13 J. 25 dkr

58 Valsemølle ★★ **[E8]**

Die 1867 erbaute **Windmühle** war bis 1950 in Betrieb. Ein Feuer zerstörte 1976 große Teile der Mühle. Sie wurde restauriert und ist heute das Wahrzeichen der Firma „Bornholms Valsemølle". In den Gebäuden, welche die Mühle umgeben, werden heute jährlich 1200 Tonnen Bornholmer Getreide zu Mehl verarbeitet. An Werktagen kann man frisch gemahlenes Mehl im **Laden** der Mühle kaufen – und damit zum Beispiel im Ferienhaus Kuchen oder Brot selber backen. Die Mühle selbst kann **nur von außen** besichtigt werden.

> Møllebakken 5, Tel. 56974039, www.bornholms-valsemoelle.dk, geöffnet: Mo.–Fr. 8–15 Uhr

Einkaufen

> **Bageri Johannes Dam & Søn** <111> Østergade 1, Tel. 56974200, www. bagerdam.dk, geöffnet: Mo.–Fr. 6–17.30, Sa. 6.30–12.30 Uhr. In der 1855 gegründeten Bäckerei werden neben Brot und Kuchen seit 1924 die leckeren Bornholmer Roggenkekse *rugkiks* aus lokalen Zutaten hergestellt. Wie damals werden die Kekse von Hand sortiert und verpackt.

> **Bornholms Thehandel** <112> Torvet 24,
www.bornholmsthehandel.dk, geöffnet: Mo.–Fr. 10–17.30, Sa. 10–14
Uhr. In dem geräumigen Teeladen auf
dem Marktplatz von Aakirkeby stehen über 200 verschiedene Teesorten,
darunter auch zahlreiche Biotees aus
China und Japan sowie hübsche Tee-
kannen und -tassen zur Auswahl. Hauseigene Mischungen werden von der
Eigentümerin, die auch gerne berät,
selbst kreiert. Tees können in dem kleinen Cafébereich des Ladens vor dem
Kauf probiert werden. Übrigens, auch
Kaffeeliebhaber kommen nicht zu kurz:
In den Regalen stehen diverse Gourmet-
kaffees mit Bohnen aus Südamerika,
Afrika, Indonesien und der Karibik.

> **Butik Rie's** <113> Damgade 2,
Tel. 56974232, www.butik-ries.dk,
geöffnet: Mo.–Fr. 9.30–17.30, Sa.
9.30–12.30 Uhr. Modische Damen-
kleidung aus Dänemark in den Größen
36 bis 54.

☑ *Weiß getüncht: Die Nylars Kirche*
wartet im Inneren mit Fresken auf

🔴59 Rundkirche
Nylars Kirke ★★   [C8]

In dem winzigen Dorf Nylars, sieben
Kilometer westlich von Aakirkeby 🔴54,
steht am Ortsrand die letzte der vier
Rundkirchen Bornholms (s. S. 44).
Nylars Kirke aus der Mitte des 12. Jh.
ist dem hl. Nikolaus von Myra ge-
weiht. Der Mittelpfeiler des Gottes-
hauses ist mit den **ältesten Fresken
der Insel** verziert, weshalb sie unter
Kunst- und Kirchenhistorikern als die
schönste Rundkirche Bornholms gilt.

In der Eingangshalle stehen zwei
Runensteine (s. S. 27), wovon der
größere eine mit einem Schlangen-
band verzierte Inschrift trägt, die
übersetzt ungefähr so lautet: „Sas-
ser ließ diesen Stein für seinen Vater
Halvard errichten, der mit der ganzen
Besatzung draußen im Meer ertrank.
Christ helfe seiner Seele in alle Ewig-
keit. Dieser Stein soll als Gedenkstein
stehen."

> Kirkevej 10 k, Nylars, geöffnet:
April–Sept. tgl. 9–18 Uhr,
Okt.–März bis 15.30 Uhr

050bh-cl

60 Ganggrab
Lundestenen ★★ [C8]

Lundestenen, auch **Jættestue** genannt, ist Bornholms **besterhaltenes Ganggrab** aus der **Jungsteinzeit.** Die Grabkammer wurde aus 14 großen Trag- und vier Decksteinen errichtet. Ein Teil der Erdhügels ist erhalten. Als das Grab 1939 restauriert wurde, fand man zwei Tongefäße und auf dem Boden der Kammer inmitten von Skelettresten mehr als hundert Bernsteinperlen, ferner Pfeile, zahlreiche Messer sowie Keile aus Feuerstein, die der letzten Phase der **Trichterbecherkultur** (ca. 4200–2800 v. Chr.) zugeordnet werden konnten. Die Tongefäße sind im Kulturhistorisk Museum **4** in Rønne ausgestellt.

❯ Hovedgårdsvej 3
❯ **Anfahrt:** Das Ganggrab liegt ca. 1 km östlich von Nylars. Man fährt auf der Landstraße Richtung Rønne **1**, der Hovedgårdsvej liegt in westlicher Richtung. Der Fußpfad zum Ganggrab ist ausgeschildert. Eine direkte Busverbindung zum Lundestenen gibt es nicht. Man kann mit der Linie 5 von Rønne bis Nylars fahren und dann 1 km laufen.

Christiansø und Frederiksø

Die **größte der Erbseninseln (Ertholmene)** liegt 18 Kilometer nordöstlich von Gudhjem **30**. Rund 80 Menschen leben auf der 710 Meter langen und 430 Meter breiten, auto- und fahrradfreien Insel.

Ihr **Wahrzeichen** sind die **Festungsanlagen** mit der Ruine des **Store Tårn** (Großen Turms) aus dem 17. Jh., dem Leuchtturm von 1806, dem Kommandantenhaus und den Kasernen aus dem 18. Jh. Eine **Wanderung** rings um Christiansø schafft man in einer Stunde – es sind nicht einmal 1,5 Kilometer. Die **schönste Aussicht** über die gesamte Inselgruppe, die Festung und das umlaufende Mauerwerk hat man vom Leuchtturm im Store Tårn.

Über eine 30 Meter lange Drehbrücke gelangt man auf die winzige **Nachbarinsel Frederiksø**, wo sich im Lille Tårn, dem kleinen Turm, das Museum von Christiansø und das alte **Staatsgefängnis Fængslet Ballonen** befinden.

Auf der Landkarte tauchten Dänemarks östlichste Vorposten, die heute dem dänischen Verteidigungsministerium unterstellt sind, erstmals 1684 auf. Damals beschloss Dänenkönig Christian V., zur Überwachung der schwedischen Flotte einen **Stützpunkt in der Ostsee** zu errichten. Nur ein einziges Mal waren die Inseln aktiv an einem Krieg beteiligt: im Oktober 1808 während des Kriegs gegen England, als sie von einem englischen Flottengeschwader angegriffen wurden. Drei Schiffe bombardierten die Festung aus 2,5 Kilometer Entfernung; die Kanonen der Dänen verfügten dagegen nicht über genügend Reichweite, um auch nur ein Schiff zu treffen. Erst als sich der Wind drehte und die Schiffe gegen die Festung drückte, wurden sie von den dänischen Kanonen getroffen. Die Engländer verließen daraufhin das Schlachtfeld so schnell sie konnten.

Bis 1855 dienten Christiansø und Frederiksø als **Gefängnisinsel für politische Gefangene.** Als der König die Festung räumen ließ, blieben nur ein paar Soldaten auf der Insel zurück, die sich nun als Fischer betätigten. Die Festungsmauern, Bastionen, Tür-

me, Steinhütten und Fachwerkhäuser sind noch genauso erhalten wie damals, als der Flottenstützpunkt aufgelöst wurde.

Der wohl berühmteste Gefangene im Staatsgefängnis Ballonen war der Kopenhagener Philosoph und Theologe **Jacob Jacobsen Dampe** (1790–1867), der von 1826 bis 1841 in Festungshaft saß, weil er sich gegen König Frederik VI. und den Absolutismus aufgelehnt hatte und sich für die Abschaffung der Monarchie engagierte. Im ersten Stock des Gefängnisses finden Besucher eine Ausstellung zu Dampe und die Rekonstruktion seiner Zelle.

Auch Deutsche waren unter den Insassen des Staatsgefängnisses, so der Heidelberger Diplomat, Schriftsteller und Abenteurer **Freiherr von Krohne** (s. S. 83). Der Philosoph und Zeitungsverleger **Georg Schade** (1712–1795) war ein weiterer Deutscher, der eine Haftstrafe im Ballonen verbüßte. Sein Vergehen: Er hatte 1760 die radikale Religionsschrift „Die unwandelbare und ewige Religion der Naturforscher und sogenannten Adepten" verfasst, was der Hamburger Senat als Affront sah. Seine Heimat, das Herzogtum Schleswig, stand damals unter dänischer Herrschaft und so wurde Schade von der dänischen Regierung verhaftet. Er wurde nach Christiansø gebracht und verbrachte die späteren Jahre in Verbannung auf Bornholm. 1772 wurde er begnadigt und durfte in seine Heimat zurückkehren.

Heute kommen jährlich rund 45.000 Touristen mit **Ausflugsbooten** nach Christiansø, wobei der Großteil höchstens drei Stunden auf der Insel bleibt, bis zur Rückfahrt der Boote. Zu den prominentesten Besuchern zählt **Königin Margrethe II.**, die alle zwei bis

⌃ Frederiksø mit dem einstigen Gefängnisturm Ballonen

⌐ Erst aus der Luft erkennt man, wie klein die Erbseninseln sind

Freiherr von Krohne –
der Heidelberger Gefangene auf Christiansø

Der Tausendsassa und Abenteurer Johann Wilhelm Franz Freiherr von Krohne, der einem alten niedersächsischen Adelsgeschlecht entstammt, wird 1738 in Heidelberg geboren. In seinem turbulenten Leben schreibt er zahlreiche Bücher und bekleidet etliche politische Posten in verschiedenen Orten und Ländern.

Eigentlich soll er Jesuiten-Mönch werden, er flieht jedoch aus dem Kloster und tritt zum lutherischen Glauben über. In Braunschweig heiratet er in das alte Adelsgeschlecht von Plothe ein, zeugt drei Kinder und lebt in Saus und Braus, bis von seinem Vermögen nichts mehr übrig ist. Er verlässt seine Familie und begibt sich nach Berlin, wo er schnell die Gunst des Markgrafen von Brandenburg-Schwedt gewinnt, der ihn an den Hof von Köpenick vermittelt. Lange bleibt er nicht - er wird vom Hof fortgejagt. Daraufhin stellt ihn der Markgraf bei der Kammer in Schwedt an, wo es wiederum zu Streitigkeiten kommt. Der Markgraf empfiehlt ihn anschließend nach Strelitz; hier wird von Krohne zum Kriegsrat ernannt. Lange hält er es auch in dieser Stellung nicht aus. 1768 geht er zurück nach Berlin, von dort nach Königsberg und Russland, wo er eine Zeit lang lebt; schließlich kommt er wieder nach Berlin. Er verfügt über einflussreiche Freunde und wird von König Stanislaw II. von Polen zum Geheimen Finanzrat ernannt; in dieser Funktion soll er die königlichen Güter bewirtschaften. Lange geht es auch in dieser Stellung nicht gut, er wird entlassen und nun vom Herzog von Sachsen-Hildburghausen als

Ministerresident (Gesandter) nach Hamburg entsandt. Weil er dort einen Streit anzettelt, verliert er auch diese Stelle. Danach verlässt er Deutschland und geht nach Dänemark, wo ihn der dänische Erbprinz Frederik, Schwiegersohn des Prinzen zu Mecklenburg, unterstützt. Weil er aber einer Kabinettsorder von König Christian VII. nicht gehorcht, wird er 1778 verhaftet und nach Christiansø gebracht. Wie lange er dort im Gefängnis sitzt, ist nicht bekannt - wohl nicht allzu lange, denn ab 1780 lebt er in Jütland, wo er 1784 die Abhandlung „Wohlgemeinte Vorschläge eines Fremdlings an die Dänische Nation zur Aufnahme und Verbesserung des Landes" verfasst. Er kehrt 1786 nach Berlin zurück, wo er ein Jahr später im Alter von 49 Jahren stirbt.

Freiherr von Krohnes Hauptwerk ist sein Adelslexikon mit dem Mammuttitel „Allgemeines Teutsches Adels-Lexicon darinn von den alten und neuen Gräflich- Freyherrlich- und adelichen Familien, ihrem Alterthum, Ursprunge, Vertheilungen in unterschiedene Häuser, Verwandtschaften und denen daraus entsprossenen berühmtesten Personen gehandelt wird". Er kommt allerdings nur bis zum Buchstaben M, bevor er stirbt.

049bh-vd©Jan Winther

drei Jahre – je nach Wetterlage – entweder mit ihrer Jacht hier anlegt oder mit dem Helikopter landet. Ihr liebstes Souvenir von der Insel sollen übrigens **Ruths Kräuterheringe** sein.

Auf Christiansø und Frederiksø gibt es drei **Übernachtungsmöglichkeiten,** darunter einen Zeltplatz für 20 Zelte. Bei einem Ausflug zu den Erbseninseln sollte man die **Badesachen** nicht vergessen: Rund um Christiansø gibt es **Badestellen,** die man über Felsen erreicht, und auf Frederiksø sogar einen großen Badesteg, von dem aus man ins Wasser springen kann. Aus Rücksicht auf brütende Vögel **dürfen Hunde** und andere Haustiere **nicht mitgebracht werden.**

❯ **Anreise mit dem Ausflugsschiff:** Das Ausflugsschiff Ertholm fährt im Hafen von Gudhjem **30** ab und verkehrt Mitte April–Mitte Okt. In der Hochsaison (Ende Juni–Ende Aug.) fährt es tgl. um 10, 12.30 und 15 Uhr nach Christiansø (Rückfahrten: 14, 16.15 und 19.30 Uhr). Die Überfahrt dauert eine Stunde. Außerhalb der Saison fährt das Boot tgl. um 10 Uhr, letzmalig vor der Winterpause Mitte Oktober. Der Ticketschalter befindet sich am Hafen. Tickets: je nach Saison 200–250 dkr für Hin- und Rückfahrt, Kinder 6–14 J. zahlen die Hälfte. Weitere Informationen auf www.bornholmexpress.dk.

❯ **Anreise mit dem Postschiff:** Wenn die Ertholm im Herbst und Winter nicht fährt, kommt man mit dem Postschiff nach Christiansø, das Mo.–Do. um 10 Uhr und Fr. um 10.30 Uhr den Hafen verlässt. Zurück geht es um 13 Uhr. Für alle, die schnell seekrank werden, ist diese Variante nichts, denn das kleine Boot wird kräftig durchgeschüttelt.

❯ **Christiansø Gæstgiveri** €€ <114> am Hafen, Christiansø, Tel. 56462015, www.christiansoekro.dk. Das kleine Gasthaus bietet sechs gemütliche Zimmer mit Blick auf den Hafen an.

❯ **Ballonen** €€ <115> Frederiksø, Tel. 56462013, E-Mail: adm.kontor@christiansoe.dk. Im alten Staatsgefängnis sind fünf umgebaute und restaurierte Zellen für Übernachtungen eingerichtet; eine Zelle dient als Gemeinschaftsbad und eine als Gemeinschaftsküche. Buchung per E-Mail oder telefonisch zwischen 10 und 12 Uhr beim Hafenmeister.

❯ **Zeltplatz Christiansø** <116> Herzogin-Bastion im Osten von Christiansø, Tel. 56462013, E-Mail: adm.kontor@christiansoe.dk, www.christiansoe.dk/besoeg-oeen/overnatning/teltplads, geöffnet: Mai–Mitte Sept. Der Zeltplatz wird wie der Ballonen von der Christiansø-Administration verwaltet. Das Buchungsprozedere ist daher dasselbe.

BORNHOLM AKTIV

Baden

Mit einer über 140 Kilometer langen, **abwechslungsreichen und vielfältigen Küste** hat Bornholm einiges zu bieten und hält für jeden Besucher den idealen Strand bereit. Im **Süden und Westen** dominieren flache, endlos lange weiße **Sandstrände**, kleine Badebuchten und Dünenlandschaften, wo man selbst in der Hochsaison ein ruhiges Fleckchen findet. Der **Norden und Osten** ist von steilen Klippen und Kieselstränden geprägt, aber auch hier gibt es **kleine Buchten** mit Sandstränden.

Die **Wasserqualität** ist an allen Stränden gut und wird regelmäßig kontrolliert. Besonders für **Familien mit Kindern** sind die Wasserbedingungen auf Bornholm ideal, denn eine starke Brandung gibt es, außer am Boderne Strand (s. S. 76), nur selten. Besonders familienfreundlich ist der **Balka Strand 47** im Südosten, denn er fällt besonders flach ins Meer ab – so können Kinder wunderbar im seichten Wasser planschen.

Der längste, breiteste und wohl beliebteste Sandstrand befindet sich in **Dueodde 49**, an der Südspitze der Insel – „unsere Antwort auf die Karibik" – sagen viele Bornholmer. Der puderzuckerartige Sand, das unglaubliche Licht, die Dünen und die unendliche Weite – damit können nur sehr wenige Strände weltweit konkurrieren.

Als besonderer Tipp, weil weniger bevölkert, gilt der ruhige **Lystskoven-Sandstrand südlich von Hasle 10** an der Westküste. Der künstlich angelegte **Nørrekås Strand**, der über

◁ Vorseite: *Bornholm bietet Mountainbikern das perfekte Terrain*

EXTRAINFO

FKK-Strände

Ausgewiesene FKK-Strände gibt es auf Bornholm zwar nicht, das Nacktbaden ist aber nicht ausdrücklich verboten. Das Gesetz verbietet lediglich eine „Kränkung der Schamhaftigkeit". In seinem Strandguide nennt der dänische Nudistenverband **zwei Nacktbadestrände: Dueodde 49 (im Abschnitt Jomfrugård) und Boderne Strand** (s. S. 76). An beiden Stränden überwiegen jedoch die zumindest teilweise Angezogenen. Nacktbadende sieht man vereinzelt an den Rändern eines Strandabschnitts.

eine Steganlage und ein Volleyballnetz verfügt, liegt nördlich des Rønner Jachthafens. Nördlich des Nørrekås schließt sich der lange **Antoinette Strand 7** an, der im Sommer von Rettungsschwimmern bewacht wird. Die **Badebucht Melsted** bei Gudhjem 30 verfügt über einen Sandstrand mit Steinen und Badesteg, ebenso wie der **Hullehavn Strand** in Svaneke 38, wo es sogar einen Sprungturm gibt.

Klippenreiche Küsten findet man im Nordosten bei Sandkås und **Sandvig 21**, wo die **Strände** wunderschön **zwischen Felsformationen** eingebettet liegen. Sandvig, der nördlichste Strand der Insel, erstreckt sich in einer **weiten Bucht** am Fuße des Granitmassivs **Hammerknuden 19**.

Einige Strände, wie der Balka Strand, werden in den Sommermonaten von **Rettungsschwimmern** bewacht. Die weiß-roten Wachtürme der Rettungswacht sind nicht zu übersehen. **Flaggen** zeigen an, ob man baden darf oder nicht:

❯ **Grüne Flagge:** Baden erlaubt
❯ **Gelbe Flagge:** Baden gefährlich
❯ **Rote Flagge:** Baden verboten

Für Schlechtwettertage bietet sich in Gudhjem ein **Hallenbad** an:

❯ **Gudhjem Svømmehal** <117> Sportsvænget 16, Tel. 56486769, www.gudhjemsvoemmehal.dk, aktuelle Öffnungszeiten s. Website (nur auf Dänisch, unter „Info"/„Åbningstider). Schwimmbad mit Rutsche, Sprungturm, Solarium und Sauna.

Wassersport

Bootsverleih

❯ **Hesthavens** <118> Bodernevej 19, Boderne/Aarkirkeby, Tel. 56975082, www.bornholm-baadudlejning.dk, geöffnet: Mo.–Fr. 8–17, Sa. 10–13 Uhr. Hier kann man sich Motorboote, Seekajaks, Alujollen, Wasserski-Equipment und Neoprenanzüge ausleihen. Aktuelle Preise s. Website.

Seekajakfahren

Ein **Ausflug rund um die Insel** (116 km) ist zwar etwas für erfahrene Kajakfahrer, kann aber auch von fortgeschrittenen Anfängern in kleinen Etappen bewältigt werden. **Anfängerkurse und geführte Touren** gibt es z. B. bei den folgenden Anbietern:

❯ **Eastwind** <119> Boulevarden 14, Balka Strand, Tel. 29330991, www.eastwind.dk/de, geöffnet: Ende Juni–Mitte Sept. tgl. 9.30–17.30 Uhr

Kajaktour rund um Bornholm

Jedes Jahr findet **Mitte August** die viertägige Tour „**Bornholm rundt i havkajak**" („**Mit dem Seekajak rund um Bornholm**") statt, an der über 100 Kajakfahrer teilnehmen. Auch deutsche Touristen dürfen dabei sein, sofern sie seekajakerfahren sind. Die Gesamtstrecke von 116 Kilometern wird in mehreren Tagesetappen von 25–30 Kilometern zurückgelegt.

❯ **Infos:** www.bornholmrundtihavkajak.dk (nur auf Dänisch)
❯ **Teilnahmegebühr:** ab 350 dkr

❯ **Havkajak Bornholm** <120> Strandvejen 5, Årsdale, Svaneke, Tel. 29891840, www.havkajakbornholm.dk, Anfängerkurse Ende Mai–Ende Juli
❯ **Hesthavens** (s. links)
❯ **Paddle Bornholm** <121> Vesthavnsvej 38, Hasle, Tel. 27853782, www.paddlebornholm.dk. Kurse können über die Website gebucht werden.

Segeltörn

Das wunderschöne alte **Segelschiff Galeasen Mester** aus dem Jahr 1903 bietet Tagestouren rund um Born-

☑ *Seekajakfahren zählt zu den beliebtesten Wassersportarten*

058bh-dt©Katarzyna Mazurowska

holm und auf die Insel Christiansø (s. S. 81), mehrtägige Expeditionen in der Ostsee sowie Angeltouren an, jeweils mit Skipper für 8–12 Personen. Das liebevoll restaurierte Schiff ist 48 Meter lang und 15 Meter breit. Die Segel messen 147 Quadratmeter. Galeasen bedeutet übersetzt Ketsch – Ketsch ist die Bezeichnung für ein Segelboot mir zwei Masten.

Das Boot liegt im **Hafen von Rønne** ❶ vor Anker, der **Kontakt** erfolgt ausschließlich telefonisch oder über die Website. Eine vierstündige Tour auf dem Nostalgiesegler ist mit 4000 dkr (ca. 540 €) zwar nicht gerade billig, aber ein einmaliges Erlebnis; und wenn man den Betrag mit sechs bis acht anderen Bornholm-Urlaubern teilt, ist die Rundfahrt gar nicht mal so teuer.

❯ **Galeasen Mester,** Tel. 40300599, www. galeasen-mester.dk (nur auf Dänisch)

Stand Up Paddling (SUP)

Stehpaddeln macht Spaß und ist für Anfänger so leicht zu lernen, dass man gleich beim ersten Versuch Erfolgserlebnisse verbucht. Brust- und Bauchmuskeln sowie der Gleichgewichtssinn werden trainiert; das Verletzungsrisiko ist gering. Kurse und Bretter gibt es bei **Eastwind** (s. S. 87) am **Balka Strand** ㊼.

Tauchen und Schnorcheln

Die **Unterwasserwelt** rund um die Küsten Bornholms bietet zum Tauchen und Schnorcheln jede Menge Möglichkeiten. Die Felsgebilde mit Höhlen und Grotten, der Farbenwechsel der Algen und zahlreiche **Schiffswracks** machen das Tauchen zu einem ganz besonderen Erlebnis. Zudem ist das Wasser der Ostsee mit seinem **geringen Salzgehalt** so klar, dass die Felsformationen ohne Schwierigkeiten erkundet werden können.

Zu den begehrtesten Tauchzielen gehören das 2003 gesunkene chinesische **Frachtschiff Fu Shan Hai** – das größte Schiffswrack in Nordeuropa – drei Seemeilen vor der Küste von Allinge ㉑ in 25 Metern Tiefe und ein **versunkenes russisches U-Boot** vor der Küste von Vang ⑯ in 40 Metern Tiefe (Anbieter s. unten).

Daneben ist **Hullehavn** an der Ostküste bei Svaneke ㊲ eines der beliebtesten Tauchreviere: Vor der Küste zwischen den Felsen in fast glasklarem Wasser findet man ideale Tauchbedingungen. **Schnorchler** kommen hier ebenfalls auf ihre Kosten, genauso wie am **Næs Strand** bei Allinge.

Wer an einer **organisierten Tauchtour** teilnehmen, einen Tauch- oder auch nur einen Schnupperkurs machen möchte (PADI-zertifiziert), ist bei **Diveline Bornholm** an der richtigen Adresse. Hier kann man sich außerdem die komplette Tauchausrüstung ausleihen:

■ **Diveline Bornholm** <122> Lundensvej 23, Rønne, Tel. 30568651, www.diveline. dk. Im Angebot sind u. a. Tauchtouren ab Vang und Sorthat an der Westküste, Listed an der Ostküste, Grottentauchen in Hammerhuler, Rifftauchen in Sandvig, Næs oder Tejn, Süßwassertauchen im Rubinsee, Flachwassertauchgang zu einem Wrack bei Rønne.

Ein weiterer Anbieter von Tauchkursen und geführten Tauchgängen ist das **Divecenter Bornholm.** Die Touren führen u. a. zu den Wracks des russischen U-Boots und der Fu Shan Hai:

■ **Divecenter Bornholm** <123> Lille Torv 14, Rønne, Tel. 40152730, www.divecenter-bornholm.com/de, geöffnet: Mo.–Fr. 10–17, Sa. 10–12 Uhr

053bh-db

Wellenreiten

Surfen kann man auf Bornholm fast an allen Stränden, die **besten Bedingungen** findet man jedoch hier:

> **Balka Strand** ❹❼: Hier gibt es im Sommer eine Surfschule mit Surfbrettverleih (Eastwind, s. S. 87).
> **Nørrekås-Bucht** [A7], neben der Marina, nördlich des Fährhafens von Rønne ❶
> **Øster und Vester Sømarken** [E–F9–10], das ist die Fortsetzung des Dueodde-Strandes ❹❾ in Richtung Westen

Rund um die **Erbseninseln** (s. Christiansø auf S. 81) ist das Surfen prinzipiell verboten.

EXTRATIPP

Surfen lernen unter Gleichgesinnten

Die **Bornholm Surf Farm,** ein kleines, familiengeführtes **Hostel** an der Ostküste, bietet ganzjährig **Surfkurse und Surfsafaris** mit und ohne Unterkunft an. Die Gäste schlafen im Sommer im gemeinschaftlichen Sunset-Loft mit Blick aufs Meer und im Winter in Betten am Kamin.

> **Bornholm Surf Farm** <124> Vassebækvej 5, Gudhjem, Tel. 61519506, www.bornholm surffarm.com

Wind- und Kitesurfen

Das **windsichere Bornholm** bietet hervorragende Bedingungen für Wind- und Kitesurfer. Surfen und Kiten ist zwar an allen Ständen erlaubt, an der **Nordküste** ist **Kiten** jedoch **nicht möglich,** da es aufgrund der **Felsenküste** schwierig ist, ins Wasser zu gelangen. Traumbedingungen für Wind- und Kitesurfer bieten die Strände im **Süden und Südwesten,** vor allem rund um **Dueodde** ❹❾. Auch die Strände von Snogebæk ❹❽ und Balka ❹❼ an der **Ostküste** sind zum Kitesurfen hervorragend geeignet, allerdings wechseln die Windrichtungen schnell.

Wer das Wind- oder Kitesurfen erlernen möchte, findet in Balka den perfekten Strand. Kurse bietet beispielsweise **Eastwind** (s. S. 87) an. Zum Ausbilderteam gehören einige der weltbesten Windsurfer, wie Rasmus Øgelund, der wohl beste Freestyle-Windsurfer Dänemarks. **Schnupperkurse** gibt es ab 550 dkr (ca. 67 €).

⌃ *Windsurfer finden auf Bornholm ideale Bedingungen*

054bh-db

Wandern

Mit zahlreichen Wald- und Strandwegen sowie Felssteigen ist Bornholm ein **Paradies für Wanderer.** Entweder unternimmt man eine Wanderung rund um die gesamte Insel oder man entdeckt sie in einzelnen kleinen Etappen.

Einer der schönsten Wanderwege Bornholms ist der über 120 Kilometer lange **Küstenweg.** Dabei handelt es sich um ein Wegenetz, das teils aus alten Rettungspfaden besteht, die einst von der Küstenwacht genutzt wurden, um nach Schiffen in Seenot Ausschau zu halten, teils aus neu angelegten Wegen über Klippen, Abhänge und durch Wälder. Zwei Strecken sind dabei besonders empfehlenswert: Erstens die **Route Gudhjem ⑳ – Helligdommen** (s. Helligdomsklipperne ㉙) und zweitens die **Route Burgruine Hammershus ⑱ – Vang ⑯**. Eine weitere Empfehlung ist eine Wanderung rund um die **Halbinsel Hammerknuden ⑲** (s. Wanderung 1).

Alle Wanderwege sind **gut ausgebaut** und ebenso **gut ausgeschildert:** Sie sind mit **grünen Schildern** markiert, auf denen Entfernungen und Zielorte angegeben sind.

Jährlich Anfang Juni findet der dreitägige **Bornholm Rundt March** (s. S. 100) statt.

Wanderung 1: Rund um den Hammerknuden

Die Wanderung rund um die Landzunge an der **nördlichsten Inselspitze Hammerknuden ⑲** ist ein Muss für alle Bornholm-Urlauber. Die Tour startet am Campingplatz von Sandvig.

Von dort wandert man zunächst auf einem **asphaltierten Weg** steil hinauf Richtung **Hammerodde**, wo sich am nördlichsten Punkt der Insel auf einer Anhöhe der kleine **Leuchtturm Lille Fyr** befindet. Der Turm selbst ist für die Öffentlichkeit nicht zugänglich, aber der Ausblick von hier oben über

⌂ *Viel auf und ab: eine Dünenwanderung in Dueodde ㊾*

die Umgebung und das Meer ist einzigartig. Hinter dem Leuchtturm geht man in westliche Richtung weiter und man folgt dem **Küstenpfad** zur Kirchenruine **Salomons Kapel**. Der Weg ist nun schmaler und gespickt mit Unebenheiten. Statt dem Schild zu folgen, das an der Kirchenruine den Weg zum Leuchtturm Store Fyr weist, geht es weiter auf dem Küstenweg. Der Leuchtturm wird erst auf dem Rückweg besucht. Man kommt am **Kælderhalsen** vorbei, der 35 Meter tief zur Küste hin abfällt, sowie an zahlreichen Vogelfelsen wie dem weißen **Kongestolen**.

Sobald dann die Burgruine Hammershus **18** ins Sichtfeld kommt, führt der Pfad von der Küste weg ins Inselinnere und quer über den Hammerknuden. Dabei passiert man rechter Hand den malerischen See **Opalsø**, der in einem alten Steinbruch entstanden ist. Dahinter erstreckt sich Bornholms größter See, der **Hammersø**, der den Hammerknuden vom Rest der Insel trennt. Westlich vom Opalsø liegt fast auf gleicher Höhe der winzige **Krystalsø**, an dem vorbei man schließlich den ältesten Leuchtturm Bornholms, den **Store Fyr** (auch Hammeren Fyr), erreicht. Hier

Wanderung 1

- **Charakter:** anspruchsvoll, auf teils steinigem, unebenem Untergrund und schmalen Wegen, Teile des Wanderweges sind steil ansteigend (festes Schuhwerk empfohlen)
- **Ausgangs- und Endpunkt:** Sandvig Familiecamping, Sandlinien 5
- **Länge:** 7 km
- **Dauer:** ca. 3 Stunden
- **Einkehr:** Unterwegs gibt es keine Möglichkeit, aber nach der Wanderung kann man sich in Ella's Restaurant og Konditori (s. S. 42) in Sandvig eine Stärkung gönnen.
- **Anfahrt:** Busse der Linien 2 und 7 halten am Sandvig Familiecamping. Parkplätze gibt es vor dem Campingplatz, auch für Fahrräder.

LITERATURTIPP

Lesestoff für Natur- und Wanderfreunde

In dem **Buch „Bornholm Naturführer"** von Lotte und Benny Génsbøl werden insgesamt 74 Touren beschrieben: Wanderungen, Spaziergänge und Radtouren rund um und quer über die Insel, einschließlich detaillierter Informationen über Landschaft, Fauna und Flora, Transport, Jugendherbergen sowie Bade- und Angelmöglichkeiten. Das 240 Seiten dicke Buch mit Detailkarten und zahlreichen Farbfotos ist auf Deutsch in der **Buchhandlung William Dam Bog & Idé** (s. S. 24) in Rønne für 250 dkr erhältlich.

Insgesamt 23 Touren beschreibt die **Broschüre „Küstenpfade auf Bornholm"**, die von Bornholms Regionskommune herausgegeben wird und ebenfalls auf Deutsch in der Buchhandlung William Dam Bog & Idé zu haben ist. Sie kostet 60 dkr.

sollte man unbedingt zur **Aussichtsplattform** hinauf steigen (kostenlos möglich), von der man eine grandiose Sicht auf Hammershus genießt und bei klarem Wetter sogar die Südküste Schwedens erkennt.

Vom Leuchtturm geht es nun quer über den Hammerknuden in nordöstliche Richtung zurück zum **Ausgangspunkt** der Wanderung, dem Campingplatz von Sandvig. Jetzt hat man sich ein Mittagessen oder eine andere Leckerei in **Ella's Restaurant og Konditori** (s. S. 42) verdient.

Wanderung 2: Almindingen – Ekkodalen und Rytterknægten

Diese Wanderung beginnt beim **Parkplatz** am Springbakkevej im Nordwesten des **Waldgebiets Almindingen** ㊱. Durch den **Wald** geht es nun zu Fuß zunächst ein kleines Stück den Springbakkevej hinauf. **Markierungen** weisen rechts zum Frederik IX's vej, von wo man **bergauf** zu den südlichen Hängen des Ekkodalen gelangt. Unterwegs kommt man an verschiedenen **Lichtungen** vorbei, die eine herrliche Aussicht auf Felder, Wiesen, weidende Kühe, die Stadt Aakirkeby (54) und die Küste im Süden bieten.

Ein **Querweg** führt rechts zum **Ekkodalen** und links zum Berg **Rytterknægten**, dem wir im zweiten Teil der Wanderung einen Besuch abstatten werden. Zunächst geht es aber nach rechts. Das Ekkodalen verdankt seinen Namen dem Echo, das man hört, wenn man auf dem gekennzeichneten Pfad nach links geht, bei der **Ørsteds-Quelle** anhält und gegen die Felswand ruft. Geht man in derselben Richtung auf dem Pfad weiter, durchquert man die gesamten zehn Kilometer des Ekkodalen. Wer genug Echos gehört hat, wandert auf dem-

Wanderung 2

> **Charakter:** für Wanderer mit guter Kondition, da hügelig
> **Ausgangs- und Endpunkt:** Parkplatz am Ekkodalen, Springbakkevej
> **Länge:** 4 km
> **Dauer:** ca. 2 Stunden
> **Einkehr:** Kiosk auf dem Rytterknægten
> **Anfahrt:** Fährt man mit dem Auto von Aakirkeby **54** Richtung Rønne **1**, biegt man nach ca. 1 km rechts nach Vestermarie ab, fährt auf dieser Strecke ca. 2 km weiter und schwenkt rechts in den Springbakkevej ein. Dort gibt es am Waldrand einen Parkplatz. Der Bus der Linie 9 fährt ebenfalls bis zum Springbakkevej.

selben Pfad zurück bis zu dem bereits erwähnten Querweg. Hier folgt man nun dem **Schild zum Rytterknægten**. Alsbald erreicht man eine Kreuzung, an der man links abbiegt. Der Weg verläuft nun in einem leichten Bogen in nördliche Richtung, bis man schließlich den Berg erreicht.

Auf der Spitze des Rytterknægten steht der 22 Meter hohe **Aussichtsturm Kongeminde**, den man unbedingt hinaufsteigen sollte – hier präsentiert sich ein wunderbarer Ausblick über fast die gesamte Insel. Am Fuße des Turms befindet sich ein **Kiosk**, wo man Snacks, Getränke, Süßigkeiten und Souvenirs kaufen kann.

Anschließend geht man ein Stück desselben Weges zurück, wendet sich am ersten Abzweig nach rechts und biegt dann links in den **Springbakkevej** ein. Von dort gelangt man zurück zum Parkplatz, dem **Ausgangspunkt** der Wanderung.

Wanderung 3: Almindingen – Gamleborg, Lilleborg und Seen

Auch diese Wanderung verläuft im nordwestlichen Bereich des **Almindingen 36**. Am Parkplatz angekommen, folgt man der **gelben Markierung** nach Süden, wo man zunächst den kleinen **Waldsee Græssø** mit einer Aussichtsbank erreicht. Ein Stück weiter steht linker Hand das **Denkmal Rømersminde**, das an den Bornholmer Förster Hans Rømer erinnert, der im 19. Jh. viel für den Wald getan hat. Wenige Gehminuten später sieht man auf einem 21 Meter hohen Plateau die Ruine der **Gamleborg**.

Nach der Besichtigung geht es auf demselben Weg wieder zurück und links weiter zu den **Seen Dyresø und Borgesø**. Knapp hinter dem Borgesø entdeckt man schon die steinernen Überreste der **Lilleborg**. Die Burgruine steht auf einer 16 Meter hohen Anhöhe. Links von der Lilleborg überquert man die Landstraße, den Segenvej, und geht weiter in Richtung Nordwesten.

Wanderung 3

> **Charakter:** leicht begehbare Waldwege, auch für Anfänger geeignet
> **Ausgangs- und Endpunkt:** Parkplatz beim 14-km-Stein an der Landstraße zwischen Svaneke **38** und Rønne **1** (Segenvej)
> **Länge:** 5 km
> **Dauer:** 2½ – 3 Stunden
> **Einkehr:** Gasthaus Christianshojkroen, Segenvej 48, www.christianshojkroen.dk (geöffnet: Do.– So. 12 – 16 u. 18 – 21 Uhr)
> **Anfahrt:** Den Parkplatz erreicht man mit dem Auto aus Richtung Rønne oder Svaneke. Der Bus der Linie 4 hält ebenfalls am Segenvej.

0 — 1 cm = 270 m — 500 m   © REISE KNOW-HOW 2016

Nach einiger Zeit führt die Wanderung an einem **Stein** vorbei, der zum **Moor Langemose** weist. Direkt gegenüber von dem Stein erstreckt sich der winzige **Waldsee Kohullet,** der übersetzt „Kuhloch" heißt. Am Seeufer lädt eine **Bank** zum Ausruhen ein. Nun ist es nicht mehr weit bis zum **Rokkesten** („Wackelstein", s. S. 111), der zwar nicht so groß ist wie der Wackelstein in der Paradisbakkerne, dafür lässt er sich aber immer noch bewegen. Eine **aufgemalte Hand** zeigt, wo man ihn zum Wackeln bringt.

Einen Steinwurf vom Rokkesten entfernt, erstreckt sich in nördlicher Richtung der kleine **Waldsee Pugekulle Kær,** in dessen Umgebung man im Sommer **Preiselbeeren** pflücken kann. Von hier aus geht es nach Süden zum Ausgangspunkt zurück. Nicht weit vom Parkplatz befindet sich das **Gasthaus Christianshojkroen,** wo man sich schließlich mit leckerem *smørrebrød* (belegten Broten) stärken kann.

Weitere Aktivitäten

Angeln

Hochseeangeln

Aus den Hafenstädtchen laufen in der Hochsaison regelmäßig Fischkutter zu dreistündigen Angeltouren aus. Die deutsche Familie Hauptmann bietet auf ihrem **Kutter Fortuna** für Angler und Nichtangler Ostseetouren mit guten Chancen auf erfolgreichen Fischfang an. **Liegeplatz** ist der **Check Point Marine** im **Hafen von Nexø 42**, wo auch Angelausrüstung ausgeliehen werden kann:

■ **Check Point Marine** <125> Søndre Hammer 6, Nexø, Tel. 28590060, www.fortuna-tours.dk. Buchung telefonisch oder per E-Mail.

Weitere Anbieter für **Angeltouren mit Skipper:**

■ **Bornholms Trolling & Marine Center** <126> Nexø, Tel. 40862633, www.lakse fiskeri.dk (unter „Angeln auf Bornholm" im Menü links). Angeboten werden Meeresforellen- und Wildlachsangeln.

› **Listed Trolling** <127> Strandstien 6, Svaneke, Tel. 21291859, www.listed trolling.com/de. Hat nach acht Stunden weder eine Meeresforelle noch ein Lachs angebissen, ist die Tour kostenlos.

Süßwasserangeln

In den Seen Bornholms finden sich Barsche, Hechte, Aale, Karpfen und Plötzen. Zum Angeln ist ein **Angelschein** erforderlich. Es gibt allerdings Ausnahmen: Wer unter 18 und über 66 Jahre alt ist, benötigt keinen. Wird ausschließlich in Angelseen und

◁ *Für Angler gibt es auf Bornholm viele einsame Waldseen*

Put-and-Take-Anlagen geangelt, ist ein Angelschein ebenfalls nicht notwendig. Angelscheine können für einen Tag, eine Woche oder ein Jahr erworben werden. Sie lassen sich in der **Touristeninformation in Rønne** (s. S. 21) oder online kaufen:

> Infos unter: www.fisketegn.dk oder www.m.fisketegn.dk (Mobilversion)

Der **Stenbrudssø**, ein **Steinbruchsee**, entstand, als Nexø **42** 1872 durch einen Jahrhundertsturm schwer beschädigt wurde und der nahe am Meer gelegene Frederiks Stenbrud voll Wasser lief – daher der Name Steinbruchsee. In dem 17.500 Quadratmeter großen und bis zu 18 Meter tiefen See tummeln sich Aale, Barsche, Karauschen, Schleien und Zander. Angelkarten gibt es beim **Nexø Familiecamping** nebenan.

■ **Stenbrudssø** <128> Stenbrudsvej, Nexø, in Richtung Aarsdale, Infos zu Angelkarten und Preisen auf www.nexocamp.dk/fiske_dk.htm

☑ *Klettern im Highpark Bornholm*

Golf

Es gibt **zwei Golfplätze** mit je 18 Löchern sowie die **Rø Golfbane** bei Gudhjem **30** mit 54 Löchern:

> **Bornholms Golf Klub** <129>
> Plantagevej 3, Rønne, Tel. 30806833, www.bornholmsgolfklub.dk

> **Dueodde Golfbane (Nexø Golf Klub)**
> <130> Strandmarksvejen 14, Nexø, Tel. 56488987, www.nexogolfklub.dk

> **Rø Golfbane (Gudhjem Golfklub)**
> <131> Spellingevej 3, Gudhjem, Tel. 56484050, www.gudhjemgolfklub.dk

Klettern

Auf Bornholm kann man das ganze Jahr über klettern – an Felsen, in Spaltentälern, in stillgelegten Steinbrüchen und auf Bäumen. Kletterfans kommen beim Outdoor-Festival **Bornholm on the Rocks** (s. S. 101) auf ihre Kosten. **Anfängerkurse** im Felsklettern und Abseilen bietet **Eastwind** (s. S. 87) an – Treffpunkt ist jeden Do. 11–16 Uhr der **Granitsteinbruch von Vang 16**. Es gibt zudem einen **Kletterpark:**

056bh-db

> **Highpark Bornholm** <132> Brommevej 10, Gudhjem, ca. 5 km westlich des Ortes, Tel. 56484840, www.highpark bornholm.com, geöffnet: Mai/Juni Mi.–So. 10–18 Uhr, Juli tgl. 10–18 Uhr, Aug. Di.–Do. u. Sa. 10–18 Uhr, Sept./Okt. Sa./So. 10–18 Uhr. Preise: Kinder 3–7 J. 95 dkr, 8–13 J. 215 dkr, ab 14 J. 245 dkr, im Juli und Aug. 265 dkr. Kletterkurse für Groß und Klein in unterschiedlichen Schwierigkeitsgraden. Die Kurse sind nach Vogelnamen benannt: Meise, Schwalbe, Eule und Adler, wobei beim Adlerkurs Kondition, Ausdauer und Willenskraft gefragt sind.

Minigolf

Auf der Insel gibt es zahlreiche Minigolfanlagen, wovon sich die meisten in Ferienhausparks, auf Campingplätzen und in Hotelanlagen befinden (bei den Unterkünften im ersten Teil des Buches ist dies jeweils erwähnt). Die Minigolfplätze können von Nichtgästen gegen eine **geringe Gebühr** genutzt werden.

> **Bornholms Adventure Minigolfpark,** auf dem Gelände von Sannes Familiecamping (s. S. 53), www.familie camping.dk (unter „Aktivitäten"), geöffnet: Mai–Sept. tgl. 13–18 Uhr, Eintritt: 50 dkr. Minigolfanlage mit 18 Bahnen am Melsted Strand.

> **Sandvig Minigolf** <133> Strandvejen 90, Sandvig, Tel. 30112236, www.sand vigminigolf.dk, geöffnet: im Sommer tgl. 12–22 Uhr, Eintritt: ab 12 J. 50 dkr, Kinder 5–11 J. 40 dkr. Der Platz befindet sich auf einer alten Apfelplantage.

▷ *Bornholm lässt sich wunderbar mit dem Fahrrad erkunden*

Radfahren

Fahrradfahren macht glücklich. Ganz besonders auf Bornholm, wo ein **Netz von rund 250 Kilometern Radwegen** die Insel überzieht. Die meisten liegen abseits von Straßen und Autoverkehr. Alle Radwege sind mit einem **grünen Schild** mit einer Nummer markiert, beginnend mit der Ziffer 10. Die Nummern sind Teil des dänischen Radroutennetzes.

Fahrradverleiher gibt es in jedem Ort und in den meisten Unterkünften. Konkrete Anbieter sind unter „Infos und Reisetipps" bei den jeweiligen Orten im ersten Teil des Buches empfohlen bzw. bei den dort gelisteten Unterkünften steht jeweils, ob Gäste Räder leihen können. Je nach Verleih **kostet** ein **Rad** am Tag 80 dkr (ca. 11 €) und pro Woche 360 dkr (ca. 48 €); ein **E-Bike** bekommt man für 200 dkr (ca. 27 €) pro Tag, pro Woche kostet es 1400 dkr (ca. 188 €).

In der Touristeninformation Bornholms Velkomstcenter in Rønne (s. S. 21) erhält man den **kostenlosen Randwanderführer** „**Willkommen auf unserer Fahrradinsel**" in deutscher Sprache mit 21 Radtou-

ren, drei Mountainbikestrecken und einer Kindertour, allesamt mit Karte.

Eine Beschreibung von empfehlenswerten Radwegen findet sich auch auf der Website www.bornholm.de (Menüleiste links unter „Freizeit & Sport").

Zu den schönsten Touren zählt die 104,5 Kilometer lange **Rund-um-Bornholm-Tour,** die in Rønne startet. Gut trainierte Radfahrer schaffen die Strecke in fünf Stunden. Wer nicht ganz so fit ist oder wer sich unterwegs Sehenswürdigkeiten anschauen und an einem Strand Halt machen möchte, kann sich die Tour in Tagesetappen einteilen; diese werden im oben genannten Radwanderführer genauer beschrieben.

Für mutige Mountainbike-Fahrer gibt es im **Waldgebiet Almindingen** ㊱, in der Nähe des **Rytterknægten,** eine **Mountainbike-Downhill-Bahn.** Zudem wurde im stillgelegten **Steinbruch von Vang** ⑯ eine neue Mountainbike-Strecke geschaffen, die durch die Täler Ringedalen und Blåskinsdalen führt.

Geführte Mountainbike-Touren inklusive Bereitstellung professioneller Mountainbikes und Helme bietet z. B. DGI Bornholm an:

■ **DGI Bornholm** <134> Torneværksvej 20, Rønne, Tel. 79404750, www.dgi.dk/bornholm (nur auf Dänisch)

Reiten

Auf Bornholm gibt es ein halbes Dutzend Pferdehöfe und Reitschulen. Für Reiter mit wenig Erfahrung werden Ausritte auf ebenem Gelände angeboten, für erfahrene Reiter sogar Ausflüge durch die hügelige Felsenlandschaft. **Reittouren** mit Pferden aller Größen und Ponys kann man beispielsweise hier buchen:

> **Nordlandets Rideklub** <135>
 Klemenskervej 61 a, zw. Klemensker und Gudhjem, Tel. 29401495, www.nordlandets-rideklub.dk (nur auf Dänisch)

Seilrutsche

Adrenalin-Junkies lieben sie: **Dänemarks längste Seilbahn** (Danmarks længste tovbane) über den **See Opalsø** auf dem Gebiet des **Hammerknuden** ⑲. Eingehängt an Tragegurten startet der „Flug" an der Seilrutsche über einem 50 Meter tiefen Abgrund. Rasant fliegt man mit einer Geschwindigkeit von 55 km/h in nur 20 Sekunden über den 290 Meter breiten See und klatscht schließlich bei 40 km/h ins Wasser. „Geflogen" wird Ende Juni–Mitte Aug. tgl. zwischen 10 und 17 Uhr.

> **Buchung über Nature Event,**
 Tel. 70222648 und 56482485, http://natureevent.dk (nur auf Dänisch, unter „Danmarks længste tovbane")

Tennis

Tennisplätze größerer Hotels sowie einiger Camping- und Ferienresorts stehen auf Anfrage gegen eine Gebühr auch Spielern offen, die nicht zu den Gästen zählen, etwa im Radisson Blu Fredensborg Hotel in Rønne (s. S. 22) oder im Hotel Balka Strand (s. S. 71).

Tennis für Touristen bietet der **Rønne Tennis Klub** an. Der Preis für eine Stunde beträgt 100 dkr (ca. 13 €), für eine Woche 300 dkr (ca. 40 €), wobei zu diesem Preis täglich höchstens eine Stunde gespielt werden darf.

■ **Rønne Tennis Klub** <136> Torneværksvej 1, Rønne, Tel. 56953523, www.rønnetennisklub.dk, Anmeldung über die Website

BORNHOLM ERLEBEN

Feste und Folklore

Die Dänen feiern gerne und sind zudem sehr sportlich, weshalb auf Bornholm zwischen Mai und Oktober eine **große Bandbreite an Musik- und Kulturfestivals** sowie etliche **Sportevents** auf dem Veranstaltungskalender stehen. Für Open-Air-Konzerte wird in der Regel kein Eintritt verlangt, an Rennwettbewerben können Urlauber selbstverständlich teilnehmen und auch für Kinder wird einiges geboten.

Einen umfangreichen Überblick über alle Bornholmer Events gibt das **mehrsprachige Wochenmagazin „Denne Uges Bornholm" („Diese Woche in Bornholm")**, das kostenlos in den Touristeninformationen (s. S. 123), in vielen Hotels, in Supermärkten und auf den Fähren ausliegt.

April

> **Christiansø Marathon:** Zum Marathon auf der größten der Erbseninseln (s. S. 81) gehen die Läufer Mitte April an den Start. Infos und Anmeldung auf www.tejnif-lob.dk (auch auf Deutsch).

> **Trolling Master Bornholm:** Großereignis in der dritten bzw. vierten Aprilwoche am Hafen von Tejn ㉔, bei dem es darum geht, wer den größten Lachs fängt. An dem Wettbewerb nehmen mehrere Hundert Boote aus ganz Nordeuropa teil. Das Riesenspektakel wird sogar im dänischen Fernsehen übertragen. Impressionen und Anmeldung auf www.tv2bornholm.dk/trolling (nur auf Dänisch).

◁ *Vorseite: Die Terrasse des Le Port (s. S. 34) in Vang lockt mit einem einzigartigen Ausblick über die Ostsee*

Mai

> **Bornholms Kunstrunde:** Das viertägige Festival mit über 70 Künstlern und Kunsthandwerkern, u. a. in den Bereichen Malerei, Keramik, Textil und Glas, beginnt jährlich an Himmelfahrt und findet inselweit an diversen Orten statt. Programm unter www.bornholmskunstrunde.dk (nur auf Dänisch).

> **Fredensborg-Lauf am Pfingstmontag:** Das Rennen für Groß und Klein beginnt jedes Jahr am Radisson Blu Fredensborg Hotel (s. S. 22) im Süden von Rønne ❶. Erwachsene starten um 10 Uhr und laufen eine Distanz von fünf Kilometern, Kinder stehen ab 10.45 Uhr in den Startlöchern und laufen nur 2,5 Kilometer. Der Lauf findet entweder Ende Mai oder Anfang Juni statt, je nachdem, auf welchen Termin Pfingsten fällt.

Juni

> **Bornholm Rundt March:** Dreitägige Wanderung rund um Bornholm Anfang Juni. Mitmachen darf jeder. Nähere Informationen auf www.bornholmrundtmarchen.dk (nur auf Dänisch).

> **Bornholms Harmonikafestival:** Das Musikevent in Hasle ❿ wird als Dänemarks „hyggeligstes" Harmonikafestival (zum Begriff der „hygge" s. S. 12) beworben und findet meist zur Monatsmitte statt. Programminfos liefert www.bornholms-harmonikafestival.com (nur auf Dänisch).

> **Sankt Hans am 23. Juni:** Am Vorabend des **Johannistags (Mittsommer)** lodern an vielen Stränden und in etlichen Gärten die Johannisfeuer. In den Küstenorten strömen die Bewohner zum Festplatz. Es wird gesungen und getrunken und in den Johannistag hineingetanzt.

> **Sol over Gudhjem:** Jedes Jahr im Juni treten am Hafen von Gudhjem ㉚ die besten Köche Dänemarks gegeneinander

an und zaubern aus Bornholmer Produkten leckere Gerichte. Kochinteressierte und Gourmets haben hier die einzigartige Möglichkeit, die dänischen Spitzenköche nicht nur aus nächster Nähe bei ihrer Arbeit zu beobachten, sondern auch Kostproben zu testen und Fragen zu stellen. Ziel des 2009 initiierten Wettbewerbs ist es, mehr Aufmerksamkeit für Bornholmer Rohwaren zu schaffen, was seither auch gelungen ist. Heute beliefern zahlreiche Bornholmer Lebensmittelproduzenten die besten Restaurants in ganz Dänemark. Infos: www.solover gudhjemkonkurrence.dk/de.

> **Bornholmer Märchenfestival:** Von Juni bis September halten in Gudhjem die Märchen Einzug. Veranstaltungsort ist das Dines Lille Maritime Café, das zur Alten Strandvogtei (s. S. 52) gehört. Ins Leben gerufen hat das Festival der Deutsche Eduard Dahlmann, der die Alte Strandvogtei 1989 erwarb und auf der Suche nach Ideen zur Unterhaltung seiner Gäste war. Mehrere Geschichtenerzähler tragen jeweils Mo. und Mi. ab 18.30 Uhr Fabeln, Mythen und Sagen in deutscher Sprache vor.

Juli

> **Hasle Sildefest:** Beim Hasler **Hafenfest** Anfang/Mitte Juli dreht sich alles um den Hering. Genaueres auf der Website www. sildefest.dk (nur auf Dänisch).

> **Allinge Jazz Festival:** Eine Woche lang New-Orleans-Klänge und dänischer Jazzfolk mit bekannten Interpreten aus der Jazzszene in Allinge **21**, in der Regel Mitte Juli. Details auf www.allingejazz.dk (nur auf Dänisch).

> **Mittelaltermarkt:** Zur Monatsmitte veranstaltet Bornholms Middelaldercenter **35** in Østerlars, ganz in der Nähe von Gudhjem, Di., Mi. und Do. einen Mittelaltermarkt mit Geschichten, mittelalterlicher Musik, Feuershow und Feuerwerk.

> **Snogebæk Havnefest:** Größtes **Hafenfest** der Insel mit einzigartiger Atmosphäre in Snogebæk **48**. Verschiedene Bands spielen an mehreren Tagen auf einer Bühne zwischen Snackbuden und Fischräuchereien. Das Fest steigt meist Ende Juli. Termine unter www.havnefest. dk (auch auf Deutsch).

> **Bornholms Gadeteater Festival:** Dreitägiges **Straßentheaterfestival** Ende Juli in Rønne, Gudhjem, Aakirkeby **54** und Svaneke **38** mit Künstlern aus dem In- und Ausland. Zu erleben sind Musik, Tanz und Akrobatik. Weitere Infos liefert www.bornholmsgadeteaterfestival.dk (nur auf Dänisch).

> **Etape Bornholm:** Der fünftägige Volksmarathon Ende Juli umfasst fünf Etappen: einen Strand-, einen Wald- und einen Berglauf sowie zwei Straßenrennen. Für Jugendliche gibt es eine Variante mit drei Etappen und für Kinder eine einfache Version von drei bis vier Kilometern. Genauere Infos unter www.etapebornholm.dk (auf Englisch).

> **Bornholms Musikfestival:** Klassische Konzerte mit namhaften Musikern aus ganz Europa von Juli bis Anfang September an diversen Standorten, etwa in der Aakirke **55**. Programm auf www. bornholms-musikfestival.dk (nur auf Dänisch).

August

> **Østersø Jazz Festival:** Der Eintritt zum Open-Air-Jazz-Festival in Nexø **42** Anfang August ist frei. In manchen Jahren beginnt das Festival bereits Ende Juli. Programminfos unter www.osterso jazz.dk (nur auf Dänisch).

> **Bornholm on the Rocks:** Viertägiges Festival Anfang August für Kletterbegeisterte aus ganz Europa. Als Veranstalter fungiert der dänische Kletterverband. Highlight ist der Wettbewerb Bornholm Rock Master, bei dem die besten Klette-

Feiertage

Die **christlichen Feiertage** Neujahr, Ostern, Christi Himmelfahrt und Pfingsten entsprechen den deutschen Feiertagen mit Ausnahme von **Gründonnerstag**, der in Dänemark arbeitsfrei ist. Weitere Feiertage sind der Buß- und Bettag am vierten Freitag nach Ostern und der **Grundlovsdag (Verfassungstag)** am **5. Juni**. Dieser ist zwar kein arbeitsfreier Feiertag, Behörden und einige Geschäfte haben jedoch trotzdem geschlossen. Ebenso ist der **1. Mai** offiziell kein Feiertag, viele Geschäfte schließen aber ab Mittag.

rer gegeneinander antreten. Das Festival beinhaltet u. a. Camping, Workshops und Lagerfeuer. Näheres auf www.bornholmontherocks.dk (nur auf Dänisch).

› **Wonderfestiwall:** Am Fuße der Burgruine Hammershus ⓲ spielen Mitte August drei Tage lang Bands aus ganz Europa. Details auf www.wonderfestiwall.dk (nur auf Dänisch).

September

› **Bornholms Kulturuge:** Die **Bornholmer Kulturwoche** unterhält Besucher Mitte September an diversen Standorten mit Konzerten, Filmfestival, Stadtwanderungen, Theater, Tanz, Kunsthandwerk und Bildender Kunst. Details und konkrete Termine auf de.bornholmskulturuge.dk (auf Deutsch).

› **Almindingen-Lauf:** Traditionsreicher Lauf im Waldgebiet Almindingen ㊱ mit jährlich über 1000 Teilnehmern für die ganze Familie. Für Erwachsene führt die Laufroute über acht hügelige Kilometer. Für Kinder gibt es eine leichtere, zwei Kilometer lange Strecke. Erwachsene starten um 14 Uhr, Kinder um 13 Uhr.

Oktober

› **Kinderfestival (Børnefestival) in Hasle:** Mehrtägiges Fest Mitte Oktober mit unterhaltsamen Aktivitäten wie Graffiti-Workshops, kostenlosen Kutschfahrten, dem Zirkus „Fyr & Flamme", Kinderflohmarkt, Rollenspielen, Kajakfahren, Reiten, Naturführungen und vielem mehr.

› **Halloween in Gudhjem:** Einwöchiges Halloween-Festival für Kinder in den dänischen Herbstferien. Zu erleben gibt es u. a. Geschichtenerzähler, Gaukler, eine Schatzsuche, einen Kürbisschnitzwettbewerb und allerlei Marktstände. Höhepunkte bilden der Hexenumzug, das Strohlabyrinth sowie die Bornholm-Meisterschaft im Kürbiswerfen.

☐ *Erlebenswert: das Wonderfestiwall*

061bh-db

Bornholm kulinarisch

„Røget sild", geräucherter Hering, ist die Spezialität Bornholms schlechthin. In einer der zahlreichen **Räuchereien** der Insel – etwa der Museumsräucherei Hasle Røgeri ⓬ oder der Gudhjem Røgeri (s. S. 53) – einen frisch geräucherten Hering, in Papier eingewickelt, auf die Hand zu bekommen, gehört zu einem Bornholm-Urlaub einfach dazu. Die Bornholmer essen ihren Fisch übrigens gern mit **Dillsenf.**

Andere typische Fischspezialitäten sind **Dorsch** *(torsk)* und **Lachs** *(laks),* was jedoch nicht heißt, dass ausschließlich Fischgerichte auf den Speisekarten der Restaurants stehen. Fleischspeisen sowie Salate und Gemüse aus lokalem Anbau sind immer im Angebot.

Natürlich fehlt zur **Mittagszeit** in keinem Restaurant das wohl bekannteste dänische Gericht: „**smørrebrød**", ein Schwarzbrot, das üppig mit Fisch, Fleisch oder Ei sowie Salat und eingemachtem Gemüse belegt und mit Remoulade abgeschmeckt wird. *Smørrebrød* ist der traditionelle „**Frokost**"-Klassiker in Dänemark.

Zu den auf der Insel produzierten **Lebensmitteln** zählen – neben dem frisch geräucherten Hering – Bornholmer Senf, Rapsöl, Pasta, Bier, Wein, Whisky, Walnusslikör, Brandy, Schokolade, Lakritz, Bonbons, Karamellen, Kekse und nicht zu vergessen der Bornholmer Käse, der als einer der besten der Welt gilt. Die lokalen Erzeugnisse sind in Lebensmittelgeschäften, Hofläden und auf Märkten erhältlich, teilweise sogar bei den großen Discountern.

Die **kulinarische Hochburg** Bornholms ist ohne Zweifel **Svaneke** ⓷ – mit dem **Svaneke Bryghuset**

Typische Bornholmer Speisen

> **Fiskefrikadeller:** Fischfrikadellen
> **Flæskesteg:** Schweinebraten, serviert mit Rotkohl in brauner Soße, mit eingelegten Senfgurken und mit Zucker und Butter karamellisierten Kartoffeln
> **Hakkebøf:** gut gewürztes Hacksteak
> **Østersølaks:** kalt oder warm geräucherter Wildlachs
> **Plankebøf:** gegrilltes Rinderfilet mit Kartoffelbrei
> **Røget sild:** geräucherter Hering
> **Sol over Gudhjem:** geräucherter Hering mit Eigelb auf Roggenbrot (s. S. 53)
> **Torsk:** Dorsch, auch bekannt als Kabeljau, wird meist gebacken und mit Salzkartoffeln serviert

(s. S. 62) befindet sich hier die einzige Bierbrauerei der Insel.

Das **landwirtschaftliche Zentrum** Bornholms bildet **Aakirkeby** ⓸, u. a. mit der Getreidemühle Valsemølle ⓹ und der größten Rapsölproduktion Dänemarks. Das **Weingut Lille Gadegård** (s. S. 106) hat sich nur wenige Kilometer außerhalb von Aakirkeby angesiedelt.

In **Nexø** ⓬ befindet sich die Fischkonservenfabrik der Marke „Bornholms", deren Produkte auch an den Königshof in Kopenhagen geliefert werden, die Schnapsfabrik Bornholmske Spritfabrik sowie die Firma **Bornholmersennep**, die leckeren **Senf** in verschiedenen Geschmacksrichtungen produziert. Den kann man nicht nur im Supermarkt kaufen, sondern auch in den Räuchereien. Nexø ist zudem Standort von Dänemarks erster **Sanddornplantage** namens **Høstet**, zu deren Produkten Marmelade, Sirup und Chutneys gehören.

Dass die Kulinarik auf Bornholm großgeschrieben wird, erkennt man

065-bh-db

übrigens auch an dem hochkarätigen Kochduell **Sol over Gudhjem** (s. S. 100), nicht zu verwechseln mit der gleichnamigen Heringsspeise (s. S. 53).

Trinkgeld ist in Dänemark nicht üblich, aber gern gesehen. Wer möchte, kann den **Rechnungsbetrag** um ein paar Kronen **aufrunden.**

In Dänemark ist das **Rauchen** in Restaurants, Cafés, Bars und Klubs seit 2007 verboten.

Blauschimmelkäse Danablu

Dänemarks **Exportschlager** ist auf Bornholm zu Hause. Als einziger Teilnehmer heimste er auf der Weltmeisterschaft der Käsereien schon zweimal den begehrten Preis „World Cheese Champion" ein. Darüber hinaus erhielt er seit seiner Erfindung in den 1920er-Jahren zahlreiche nationale und internationale Preise. Erfunden wurde der Danablu vom dänischen Käsemacher Marius Boel. Vorbild war der französische Roquefort. Das Gourmetprodukt ist durch die Zertifizierung „geschützte geografische Angabe" gekennzeichnet, die nur authentisch produzierte Lebensmittel erhalten, die eng mit einer Region verbunden sind.

Hergestellt wird der Danablu in der **einzigen Molkerei der Insel**, Bornholms Andelsmejeri **St. Clemens** in Klemensker, die den Bornholmer Milchbauern gehört. Für den kräftigen Geschmack des Danablu ist die Lagerung entscheidend. Rund sechs Wochen reift ein Käselaib und wird während des Reifeprozesses alle drei Tage vorsichtig gewendet, damit der Schimmel genügend Sauerstoff bekommt. Jährlich werden 5000 Tonnen von dem Käse produziert, wovon 80 Prozent unter dem Namen St. Clemens in alle Welt exportiert wird.

❭ **Molkerei St. Clemens** <137>
Sct. Klemensgade 17, Klemensker,
Tel. 56966200, www.st-clemens.dk

Rapskeimöl – das Olivenöl des Nordens

Das Speiseöl, das jahrelang nur wenig Beachtung fand, ist mittlerweile zum Liebling von Sterneköchen avanciert. Auf Bornholm wird das goldene Öl seit 2003 auf dem alten **Gut Lehnsgaard** in Aakirkeby ❺❹ produziert – rundherum wächst der Rohstoff für das Öl, der Raps. Lehnsgaard ist mit 280.000 Litern im Jahr

⌂ Beim Kochwettbewerb Sol over Gudhjem (s. S. 100) geht es hoch her

der **größte Rapskeimölproduzent** Dänemarks. Das Rapsöl aus dem Hause Lehnsgaard enthält keine Zusatzstoffe und wurde von einem dänischen Verbrauchermagazin als **bestes Öl Dänemarks** ausgezeichnet. Das Geheimnis des guten Geschmacks liegt darin, dass die Rapssamen geschält und kalt gepresst werden – so verbleiben die Bitterstoffe in der Schale und Vitamine sowie Antioxidantien werden bewahrt; zugleich erhält das Öl auf diese Weise seine goldene Farbe und den milden Geschmack. Rapskeimöl hat einen hohen Gehalt an mehrfach ungesättigten Fettsäuren und enthält zudem die seltenen Omega-3-Fettsäuren, welche den Blutdruck senken und einen positiven Einfluss auf die Blutfettwerte haben.

Das Lehngaarder Rapsöl wird in vielen hochklassigen Restaurants in ganz Dänemark verwendet. Außer Öl stellt Lehnsgaard auch **Senf** her. Zu kaufen gibt es die Produkte in verschiedenen Geschmacksrichtungen in allen Lebensmittelgeschäften und Supermärkten der Insel.

❯ www.lehnsgaard.dk

Nudeln machen glücklich – besonders die von Pastariget

Dänemarks einzige **Nudelfabrik** heißt **Pastariget** und hat ihren Standort auf Bornholm. Riget bedeutet übersetzt „das Reich". Die Inhaber des Pastareichs, Susanne Bloch und Finn Harild, stellen Nudeln in allen Farben und Geschmacksrichtungen her: So gibt es Chili-, Rote-Beete-, Ingwer-, Safran-, Trüffel-, Zitronen-, Basilikum- und sogar Schokoladenpasta. Klassische, geschmacksneutrale Pasta gibt es natürlich auch. Die beiden bauen ihren eigenen Hartweizen an. Außer Pasta stellen Susanne und Finn das zu jeder Nudelsorte passende **Pesto** her und teilen **Rezepte** auf ihrer Firmen-Homepage. Alle Produkte können online bestellt werden.

❯ www.pastariget.dk

Die Karamel Kompagniet von Anna und Carsten

Ideengeber für den Laden war das Rezeptbuch von Annas britischer Großmutter. Deren selbst gemachte Karamellen gehörten zu den Höhepunkten in Annas Kindheit, wenn sie ihre Oma in England besuchte und der Duft durch das ganze Haus zog. Im Jahr 2004 stellte Anna das erste Karamellbonbon nach dem alten Rezeptbuch testweise selbst her und war mit dem weichen, köstlichen Kakaokaramell so erfolgreich, dass sie zusammen mit ihrem Mann Carsten die **Karamel Kompagniet** (s. S. 54) in Gudhjem ❸⓪ gründete. Karamel Kompagniet ist eine der wenigen Firmen in Europa, die Weichkaramellen nach alter englischer Tradition von Hand herstellen.

Der **Laden mit integrierter Küche** ist der Mittelpunkt des Geschäfts – hier kann jeder Kunde dabei zuschauen, wie Carsten die Karamellmasse in alten, englischen Kupferkesseln kocht. Zu den leckeren Zutaten zählen u. a. Chili, Holunder, Ingwer und Kokos. Echte englische Weichkaramellen lassen sich nur mit großem Aufwand herstellen, denn man muss mit den verschiedenen Zuckerarten vertraut sein und die richtige Menge kennen.

Karamellbonbons in allen Variationen füllen die Regale des Ladens, zum Beispiel Toffee-Twist, Salzlakritze, Weihnachtskaramell, Salz-Erdnuss oder Sahne. Zu den Bonbons gesellt sich die **Eigenkreation „Slentre Bar"**, ein Karamellriegel aus Sahnekaramell und dunkler Schokolade,

EXTRATIPP

Koch des Jahres 2012 schwört auf Bornholmer Zutaten

Daniel Kruse, Chefkoch in Lassen's Restaurant im Stammershalle Badehotel (s. S. 43), hat zuvor in den beiden von Michelin ausgezeichneten Restaurants Søllerød Kro und Formel B in Kopenhagen gearbeitet. Seine Herangehensweise ist zugleich ziemlich französisch und doch sehr nordisch. Ob Milch, Käse, Fisch, Fleisch, Gemüse oder Getreide – er verwendet ausschließlich Produkte von der Insel. Selbst ein Großteil der Einrichtungs- und Gebrauchsgegenstände in der Küche stammen von lokalen Keramik-, Glas- und Holzkünstlern. Was Desserts angeht, experimentiert er gerne mit Schokolade; im Sommer sind seine Lieblingszutaten jedoch Beeren, die es auf Bornholm reichlich gibt. Serviert werden sie natürlich mit guter lokaler Sahne!
> **Restaurant geöffnet:** tgl. 18–23 Uhr

den es auch in den Geschmacksrichtungen Pfefferminz und Lakritz gibt. Die hausgemachten Karamellen sind auch in ausgewählten Läden in Dänemark erhältlich.

Bornholmer Bier

Das **Svaneke Bryghuset** (s. S. 62) wurde 2000 als eine der ersten **Mikrobrauereien** Dänemarks gegründet. Hier wird nicht nur „normales" Bier gebraut, sondern auch Biermischgetränke, z. B. mit Holunderblüten, Chili, Schokolade, Lakritze und Seetang. Zur Brauphilosophie des Hauses gehört, dass nur beste lokale Zutaten verwendet werden und auf Zusätze wie Stabilisatoren verzichtet wird. Zu den traditionellen Sorten zählen beispielsweise Brown Ale, Pilsener und Stout. Eine Empfehlung ist das typisch dänische **Weihnachtsbier.**

Vingården Lille Gadegård – Weinbau auf Bornholm

Nachdem **Jesper Paulsen** den **al**ten Schweinemasthof Lille Gadegård außerhalb des kleinen Örtchens Pedersker 🗺52 übernommen hatte, begann er, diesen nach und nach auf die Produktion von Erdbeeren, Stachelbeeren und schwarzen Johannisbeeren umzustellen. In den 1990er-Jahren begann der ausgebildete Landwirt mit der Kelterei von **Erdbeerwein** – damals war der Anbau und Verkauf von Wein zu kommerziellen Zwecken in Dänemark noch nicht erlaubt. Als die EU im August 2000 Dänemark als Weinbaugebiet anerkannte, wagte Paulsen es, auf seinem Hof die ersten Weinstöcke zu setzen, unsicher, ob diese mitten in der Ostsee überhaupt Früchte tragen würden. „Es war Rotwein der Sorte Rondo, die Setzlinge dazu habe ich im Rheingau gekauft", erzählt er.

Heute ranken die Weinreben auf knapp vier Hektar Fläche rings um den Hof, der inzwischen um das Wort Vingården („Weingut") erweitert wurde. Rund 17.000 Flaschen Wein, darunter die Sorten **Rondo** und **Frühburgunder,** produziert der experimentierfreudige Bornholmer inzwischen jährlich. Davon werden 95 Prozent im **hofeigenen Laden** verkauft, die restlichen fünf Prozent gehen an Restaurants auf der Insel. 2010 kam **Weißwein** dazu. „Ich habe gelernt, dass Weißwein auf Bornholm besser gedeiht als Rotwein", sagt Paulsen und fügt hinzu: „Wie alle Skandinavier trinken wir Dänen allerdings lieber Rotwein."

Zusätzlich keltert er Schaumweine sowie Johannisbeer- und Stachelbeerwein. „Guter Wein braucht 10 Jahre. Ist er nicht gut, wird er zu Brandy, Grappa und Whiskey verarbeitet", erklärt der sympathische Weinbauer, der die Spirituosen seit 2005 in einer kleinen **Destillerie** auf dem Hof herstellt.

In seinem im Sommer geöffneten überdachten **Gartenlokal** werden deftige Bornholmer Gerichte serviert – die Rohwaren stammen größtenteils aus eigenem Anbau. Getrunken wird dazu natürlich der hauseigene Wein.

Auf Anfrage und nach Voranmeldung führt Jesper Paulsen Besucher gerne über seinen Hof, die Weingärten und in die ehemaligen Schweineställe, wo heute der Wein in großen Fässern reift. Anschließend gibt es im Hofladen eine Weinprobe.

Auf Lille Gadegård haben auch **Kinder** ihren Spaß, denn es gibt dort **viele Tiere:** zum Beispiel ein riesiges Schwein, das gerne Cola trinkt und seinen Stall mit einem Huhn teilt, außerdem einige Hasen, Katzen und Gänse.

> **Vingården Lille Gadegård** <138>
> Søndre Landevej 63, Pedersker, Tel. 21628857, www.a7.dk, geöffnet: Hofladen Mai–Juli tgl. ab 11 Uhr, Gartenlokal Mai–Sept. tgl. 11.30–14 Uhr, ab Mitte Juli auch tgl. ab 18 Uhr

Kulinarische Radtour

Zahlreiche lokale Restaurants und Lebensmittelproduzenten gewähren Radfahrern auf **zwei Gourmet-Routen** Einblicke in die reichhaltige kulinarische Kultur der Insel. Überall darf probiert und gefragt werden und man erfährt viel Wissenswertes über Zutaten und Herstellung.

Die **erste Route** (Gudhjem 30 – Østermarie – Svaneke 38, insgesamt 23,5 km), bei der 11 Gourmetstopps eingelegt werden können, beginnt mit Süßem bei der Karamel Kompagniet (s. S. 54) in Gudhjem, danach gibt es Schokolade, bevor es herzhaft weitergeht. Auf der Strecke findet man Räuchereien, eine Brauerei, Bonbon- und Lakritzhersteller sowie Honig- und Eisproduzenten. Ein Highlight für Schleckermäuler ist die Svaneke Chokoladeri (s. S. 63) am Marktplatz in Svaneke.

Die **zweite Route** (Nexø 42 – Øster Sømarken – Aakirkeby 54, insgesamt 31 km) führt zu geräuchertem Hering, Schlachtwaren, Senf, Schokolade sowie lokal produziertem Wein und Schnaps.

Detaillierte **Routenbeschreibungen** mit Informationen zu den beteiligten Herstellern, den Abständen zwischen den Stopps und der Kalorienzahl, die man von einem Ort zum anderen wieder abradelt, findet man auf http://bornholminfo.dk/de/die-bornholmer-gourmet-route.

Lokale mit guter Aussicht

> **Café Emajoka in Hasle** (s. S. 29): wunderschöne Aussicht auf den Hasler Hafen
> **Fiskeværksted in Svaneke** (s. S. 62): Fischspeisen mit herrlichem Hafenpanorama
> **Le Port in Vang** (s. S. 34): atemberaubender Blick auf den Sonnenuntergang unmittelbar am Meer

Lecker vegetarisch und vegan

Noch gibt es kein einziges rein vegetarisches oder veganes Restaurant auf Bornholm. Einige Restaurants haben aber zumindest die eine oder andere vegetarische Variante auf der Karte. Falls nicht, bereiten die meisten Küchenchefs auf Anfrage ein vegetarisches oder veganes Gericht zu. Besonders empfehlenswert sind hierfür das **Di 5 Stâuerna** und das **MâdaGo** (beide s. S. 23) in Rønne 1.

Hausgemachtes veganes Gebäck erhält man zum Beispiel im **Svaneke Købmandshandel** (s. S. 63).

064bh-cl

Was wo kaufen?

Größere Supermarktketten wie Kvickly, Netto und Dagil Brugsen findet man über die ganze Insel verteilt. Die meisten Supermärkte haben an sieben Tagen der Woche von 8 bis 20 Uhr geöffnet, einige sogar bis 22 Uhr.

Wer Lust auf eine **Shoppingtour** hat, findet auf der Insel eine bunte Auswahl an kleinen Läden und Modeboutiquen, ganz besonders in **Rønne ❶**, **Svaneke ㊳** und **Nexø ㊷**. Adressen ausgewählter Kunsthandwerks-, Mode- und Spezialitätengeschäfte auf der Insel werden im ersten Teil des Buches unter „Einkaufen" bei den jeweiligen Orten genannt. Welche **kulinarischen Mitbringsel** auf Bornholm zu finden sind, ist im Abschnitt „Bornholm kulinarisch" (s. S. 103) erläutert.

Der **Haupteinkaufsbereich** in Rønne befindet sich in der **Fußgängerzone rund um die Store Torvegade**, wo sich ein Laden an den nächsten reiht.

Auf Bornholm ist man während der Sommersaison auf Touristen eingestellt, was bedeutet, dass es in fast allen **Ferienparks** einen kleinen **Supermarkt** gibt, der alles Notwendige im Sortiment hat – von Lebensmitteln bis hin zu Drogerieartikeln, von frischen Brötchen bis zu überregionalen deutschen Zeitungen.

Das Bornholmer Kunsthandwerk

So viel Kunsthandwerk auf so engem Raum findet man nirgendwo sonst in Dänemark. Das **Angebot** reicht von Keramik über Glas, Holz, Metall, Stein bis hin zu Textilien, von den zahlreichen Malern ganz zu schweigen. Die meisten Künstler bieten Besuchern Einblicke in ihre Werkstätten, Galerien und Ateliers. Wer alle Werkstätten der Insel während des Sommerurlaubs abklappern will, hat ein volles Programm.

Warum sich so viele Künstler aus allen Teilen Dänemarks auf Bornholm niederlassen, liegt vielleicht an dem ganz besonderen **Licht** auf der Insel, das vor allem Maler hierher zog (s. Bornholmer Schule auf S. 47). Vielen Künstlern und Kunsthandwerkern dient die einzigartige Natur, die auf engstem Raum so ziemlich alle Landschaftsformen Skandinaviens vereint, als **Inspirationsquelle.** Sicher spielt auch die Tatsache, dass es hier nach der Sommersaison ausgesprochen ruhig ist, eine Rolle.

Ein Highlight Bornholms ist die **Glaskunst.** Seit Beginn des 20. Jh. haben sich auf der Insel so viele Glasbläser angesiedelt, die auf Dänisch übrigens **Glaspuster** heißen, dass dies schließlich zur Gründung der Glas- und Keramikschule in Nexø **42** führte. Die bekanntesten Glaswerkstätten sind die von Pernille Bülow (s. S. 64) in Svaneke **38** und Baltic Sea Glass (s. S. 54) bei Gudhjem **30**. Hier kann man miterleben, wie aus Sand Glas entsteht und wenig später zum Kunstobjekt wird.

Das größte **Zentrum für Kunsthandwerk** befindet sich in dem alten Kaufmannshof **Grønbechs Gård 11** in Hasle, wo Bornholmer Künstler ihre Arbeiten auf über 1500 Quadratmetern Fläche ausstellen und verkaufen. Hier erleben Besucher die ganze Vielfalt des Bornholmer Kunsthandwerks an einem Ort.

Dank der guten Lehmerde ist die **Töpferei** das wohl älteste Kunsthandwerk Bornholms. Hier wird seit Jahrhunderten Keramik und Steingut hergestellt. Es war allerdings ein Engländer, der die erste Keramikmanufaktur auf Bornholm gründete – James Davenport aus Staffordshire. Er ließ die fertigen Teile nach England zu seiner Firma Davenport Pottery verschiffen. Zu seinen berühmtesten Kunden zählte König George IV., damals noch Prince of Wales, der sich die schönsten Stücke liefern ließ. Die älteste noch existierende Keramikmanufaktur ist die 1895 gegründete **Hjorths Fabrik 5** in Rønne, die heute zugleich Werkstatt und Museum ist. Während der Sommersaison hat man dort Gelegenheit, an Workshops teilzunehmen.

Die Kunsthandwerker und Künstler der Insel haben sich in der **Arts & Crafts Association Bornholm (ACAB)** organisiert. Die Vereinigung bietet den Künstlern eine Plattform für ihre Werke und organisiert nicht nur Ausstellungen, sondern auch die Kommunikation zwischen den Werkstätten und zwischen Künstlern und Besuchern. Über die ACAB finden Bornholm-Besucher sämtliche Kunsthandwerker der Insel, deren Zahl sich auf über 60 beläuft, und können auf diese Weise Werkstattbesuche planen.

❯ **Infos:** www.acab.dk

◁ *Glasbläser in Svaneke* **38**

▷ *Rebecka Rottensten mit einem ihrer Werke vor ihrer Galerie Handmade by Rebecka R. (s. S. 63)*

Natur erleben

Kilometerlange Sandstrände, eine spektakuläre Felsenküste und ein hügeliges Binnenland mit herrlichen Heidegebieten und Wäldern: Für viele Besucher zählt Bornholm zu den schönsten Ecken Dänemarks – kein Wunder, dass es sie immer wieder auf die kleine Ostseeinsel zieht. Bornholm ist nicht nur ein Paradies für Strandurlauber, sondern mit seinen Küstenpfaden, Spaltentälern und über 230 Kilometern ausgeschilderten Radwegen auch ein Eldorado für Radfahrer und Wanderer.

Die Ostsee

Die Ostsee, mit rund 413.000 Quadratkilometern das größte **Binnenmeer** Europas, ist ein **Brackwassermeer,** und zwar das größte der Welt. Brackwasser bedeutet, dass der Salzgehalt nur zwischen 0,1 und 1 Prozent liegt, weil sich hier Süß- und Salzwasser vermischen. Im Vergleich dazu hat die Nordsee einen Salzgehalt von 3,5 Prozent. Entstanden ist die Ostsee, die auch Baltisches Meer genannt wird, nach dem Abschmelzen riesiger Gletschermassen am Ende der letzten **Eiszeit** vor ca. 12.000 Jahren. Vor rund 2000 Jahren wurde sie erstmals als *Mare Suebicum* in der Schrift „Germania" des römischen Historikers Tacitus erwähnt.

Im Vergleich zu den Nordseeküsten erlaubt der Binnenmeercharakter der Ostsee eine vielfältigere Ausprägung der **Küstenvegetation.** Das Klima ist weitaus milder und es gibt **keine starken Tiden,** wie man sie von der Nordsee kennt. Während die Nordsee eine breite Öffnung zum Atlantik besitzt, durch welche die Wassermassen bei Flut strömen, hat die Ostsee nur eine schmale Verbindung zur Nordsee. In dem relativ kurzen Zeitraum von sechs Stunden, in denen sich Ebbe und Flut abwechseln, ist es nicht möglich, dass die Gezeitenkräfte von Mond und Sonne so viel Wasser durch die schmale Meerenge zwischen Dänemark und der skandinavischen Halbinsel in die Ostsee befördern, dass es für eine Flut ausreichen würde. Zwar gibt es Gezeiten, der Meeresspiegel bewegt sich jedoch nur wenige Zentimeter.

☑ *Die charakteristischen Granitfelsen der Insel*

067bh-db

Wälder, Heiden und Spaltentäler

Mit einem Waldanteil von 21 Prozent zählt Bornholm zu den **waldreichsten Regionen Dänemarks**. **Almindingen** 36 im Zentrum Bornholms ist mit einer Fläche von heute 38 Quadratkilometern das drittgrößte Waldgebiet Dänemarks. Die Landschaft wird durch Steine, Felsen, zahlreiche Seen und Moore zwischen den Felswänden geprägt. Hier findet man den höchsten Berg der Insel, den **Rytterknægten** und das größte Spalttal der Insel, **Ekkodalen.**

In Bornholms **Spaltentälern**, die fast alle in Südwest-Nordost-Richtung verlaufen, gibt es zahlreiche Bäche und Flüsschen, von denen die meisten in die Ostsee münden.

Südöstlich und in direktem Anschluss an die Almindingen erstrecken sich die **Tannen- und Fichtenplantagen** Åker, Pedersker, Poulsker und Bodilsker Plantage, früher Gemeindeplantagen, heute größtenteils in Privatbesitz. Die Poulsker Plantage grenzt an das alte **Hochheidegebiet Paradisbakkerne** („Paradieshügel"). Durch das hügelige, felsige Naturschutzgebiet drei Kilometer nordwestlich von Nexø 42 mit Mischwald, Felsenschluchten, Sümpfen und Heiden führen ausgeschilderte Wanderwege. Auf dem Areal befindet sich der **bekannteste Wackelstein (Rokkesten) Dänemarks** (s. Kasten rechts). Nordöstlich, etwa auf der Höhe von Gudhjem 30, lockt die **Rø Plantage** 26 mit ihren Nadelbäumen.

Im 19. und frühen 20. Jh. war fast ein Viertel Bornholms mit **Heidekraut** bewachsen und wurde als Weideland genutzt, heute ist es überwiegend bewaldet. Wieder bewaldet, müsste man eigentlich sagen, denn bis zum Mittelalter war die Insel fast

KURZ & KNAPP

Wackelsteine (Rokkestene)

Wackelsteine sind Findlinge in wackeliger Lage, d. h. sie balancieren leicht beweglich auf ihrer Unterlage. Um den über 30 Tonnen schweren und seit 1894 unter Naturschutz stehenden **Rokkesten** in den **Paradisbakkerne** zum Wackeln zu bringen, bedarf es allerdings großer Kraftanstrengung. Dieser wurde 1894 unter Naturschutz gestellt. Es gibt aber einen weiteren Rokkesten im **Waldgebiet Almindingen** 36, den man mit etwas Glück sogar bewegen kann (s. Wanderung 3 auf S. 93).

völlig von Wald bedeckt. Als die Menschen die Bäume jedoch vermehrt als Bau- und Brennmaterial nutzten, wurden die Wälder stark dezimiert. Heute findet man auf Bornholm noch drei größere **Heidelandschaften:** die bereits erwähnten Paradisbakkerne sowie Teile von Hammerknuden 19 und Slotslyngen.

Die Hochheidelandschaft **Slotslyngen** befindet sich an der Nordspitze Bornholms nördlich von Vang 16. Sie gehörte einst zu den Ländereien der **Festungsanlage Hammershus** 18. Mit ihren abgerundeten Felsen, den Spaltentälern Finnedalen, Paradisdal und Mølledalen, den Mooren, Bächen, Wachholderbüschen, Birken, Eichen, Kiefern und Weißbuchen sowie den ausgeschilderten Pfaden ist sie eines der **schönsten Wandergebiete** – zu jeder Jahreszeit, ganz besonders aber, wenn die Heide blüht. Nicht zu vergessen den fantastischen Blick, den man von hier auf Hammershus und den Hammerknuden hat, der sich an der äußersten Nordspitze befindet. Die **Vegetation** auf dem Hammeren, wie die Halbin-

072bh-db

sel auch genannt wird, besteht aus Besenheide, Besenginster, wilden Rosen, Wachholder, Geißblatt und Brombeeren. Vereinzelt sieht man niedrige Eichen, Birken, Ebereschen oder Bergkiefern.

Bornholms Tierwelt

Wilde Tiere gibt es auf der Insel nicht, jedoch eine geringe Anzahl wild lebender **Säugetiere** wie Hirsche, Rehe, Hasen, Wildkaninchen, Eichhörnchen, Igel und Füchse, wobei der Fuchs das einzige natürlich vorkommende Raubtier ist. **Amphibien** und **Kriechtiere** sind dagegen reich vertreten: Nattern, Kreuzottern, Blindschleichen, Zaun- und Waldeidechsen, Schwanzlurche, Wassersalamander sowie diverse Froscharten und Kröten.

Zur **Vogelwelt** der Insel zählen Sturmmöwen, die in Kolonien an der Steilküste brüten, sowie Nachtigallen, Saatkrähen, Kauze, Kleinspechte, Kraniche sowie einige Raub- und Greifvögel, die in den Wäldern, in der Heide und auf Wiesen leben. An Ab-

schnitten der Felsenküste im Nordwesten (Hammerknuden **19** und Jons Kapel **15**) befinden sich **Vogelfelsen,** in denen der **Tordalk** zu Hause ist. Da es keine großen Salzwiesen gibt, sind Sumpf- und Strandvögel, außer dem Kiebitz, sowie viele Möwen- und Seeschwalbenarten auf der Insel nicht vorhanden. Bornholms Charaktervögel sind die Saatkrähe und die Nachtigall – die Insel hat den dichtesten Bestand der beiden Vogelarten in Dänemark.

Auf **Græsholm**, der kleinsten der **Erbseninseln (Ertholmene)**, befindet sich **eine der größten Seevogelkolonien Dänemarks**; hier ist auch der einzige Bestand an Alkenvögeln und Trottellummen des Landes zu Hause. Das Betreten der Insel ist verboten, man kann die Vögel jedoch mit einem Fernglas von Frederiksø aus beobachten. Auf **Christiansø** und Fre-

⌃ *Spannend: der Besuch der Greifvogelshow in Nyker (s. S. 126)* deriksø (s. S. 81) brüten Tausende **Eiderenten,** deren Nester sich auch an belebten Wegen befinden. Seit einigen Jahren leben zahlreiche **Kegelrobben** in den Gewässern rund um die Erbseninseln – weitaus mehr, als irgendwo sonst in Dänemark.

Zur **Insektenwelt** zählen die schwarz-rote Feuerwanze, die es in Dänemark nur im Norden Bornholms gibt, sowie der Bombardierkäfer und drei Ameisenlöwenarten im Süden der Insel. Zahlreiche Libellen leben in den Mooren der Wälder, die große Blauflügel-Prachtlibelle im Ekkodalen und etliche Schmetterlingsarten in den Biotopen der Insel. An mehreren Stellen ist in den letzten Jahren auch die in Dänemark ausgestorben geglaubte **Vogelspinne** der Art *Atypus affinis* (Gemeine Tapezierspinne) wieder aufgetaucht.

Bornholms Pflanzenwelt

Dank des besonders milden Klimas, der östlichen Lage sowie der diversen Bodentypen besitzt Bornholm eine vielfältige Flora. An der **Felsküste** wachsen eine Reihe **seltener Pflanzen** wie Akelei, Zwiebel-Zahnwurz, Wiesen-Wachtelweizen und Ausdauerndes Silberblatt, in den Rissen und Spalten der steilen Wände sieht man Flechten, Nachtschatten, Helmkraut und Tüpfelfarn. Auf kleinen Salzgraswiesen hinter der Küste wachsen im Frühjahr sogar **Orchideen.** In den Spaltentälern und Sumpfgebieten findet man das Nordische Moosglöckchen und im Dünenschutzgürtel bei Dueodde **49** violett oder weiß blühende Heckenrosen. Auf den Wiesen blühen Schlehe, Weißdorn und Wacholder. Selbst Feigen,- Mandel- und Maulbeerbäume sowie **Weinstöcke** gedeihen im milden Inselklima.

EXTRATIPP

Bisonwald

In einem 200 Hektar großen **Gehege im Sumpfgebiet Svinemose** wurden 2012 sieben **Wisente** aus Polen, auch bekannt als **Europäische Bisons,** angesiedelt. Durch die Geburt von Kälbchen hat sich die Herde mittlerweile auf 14 Tiere vergrößert. Mit ihrem natürlichen Verhalten (Grasen, Nagen, Trampeln) helfen die Wisente dabei, Lebensräume für diverse Tier- und Pflanzenarten zu schaffen.

Besucher dürfen sich den Tieren nähern, sollten aber einen Abstand von mindestens 100 Metern einhalten. Sie sind scheu und nicht gefährlich, wenn man sich richtig verhält. Wenn sich ein Bison allerdings bedroht fühlt, wird es versuchen, sich zu verteidigen. Deshalb gilt: Hunde an der kurzen Leine halten, Lärm vermeiden, nicht mit Steinen oder anderen Gegenständen nach den Tieren werfen, die Wisente nicht füttern und nicht zwischen eine Bisonkuh und ihr Kalb treten. Wer sich von einem Wisent bedroht fühlt, sollte sich langsam rückwärts von ihm entfernen.

In den Wäldern ist eine Vielzahl verschiedener Baumarten zu Hause. Der **Mischwald der Paradisbakkerne** besteht aus Birken, Ebereschen, Eichen, Fichten und einer Bodenvegetation mit verschiedenen Farnen, Besenheide und zahlreichen Heidelbeersträuchern.

In der abwechslungsreichen Landschaft des **Almindingen** findet man **Nadelwälder** mit Fichten, Edeltannen und Kiefern, **Laubwälder** mit Buchen, Eichen, Birken sowie **Mischwälder,** in denen unter anderem Ahorn, Esche, Hainbuche und Haselnussbüsche

wachsen. Auf dem Heideboden blühen Maiglöckchen und auf den Hu-
musböden gedeihen Wald-Wachtel-
weizen und Buschwindröschen.

Auf geologischen Spuren

Auf Bornholm findet man Spuren verschiedener Erdzeitalter auf kleinstem
Raum: beispielsweise Ablagerun-
gen aus der **Kreide- und Jurazeit** (vor
201–145 Mio. Jahren) an der Westküste sowie aus dem **Kambrium** (vor
541–485 Mio. Jahren) im Süden und
Südwesten.

Der geologische Untergrund der
Nordküste und des Zentrums wird
von erdfrühzeitlichem Gneis und Granit gebildet, deren Alter auf 1,4 Mrd.
Jahre geschätzt wird. **Gneis** ist ein
Gestein, das aus verschiedenfarbi-
gen Lagen oder Schichten besteht,
die deutlich erkennbar sind.

Granit ist der wichtigste Boden-
schatz der Insel, der neben Gneis
und Sandstein jahrhundertelang abgebaut wurde und bis in die 1970er-
Jahre eines der wichtigsten Exportgü-
ter darstellte. Die meisten **Steinbrü-
che** wurden inzwischen stillgelegt,

geflutet und in Seen verwandelt; viele
werden als Erholungsgebiete genutzt;
aus dem **Moseløkken** im Norden wur-
de ein **Steinbruchmuseum** ⑳. In
den verbliebenen Steinbrüchen, da-
runter zwei bei Knudsker, östlich
von Rønne ❶, werden heute noch
250.000 Tonnen Granit abgebaut,
die großteils exportiert werden. Doch
Granit ist nicht gleich Granit: Durch
seine verschiedenartige Zusammen-
setzung sind unterschiedliches
Alter differenziert man beispielsweise zwischen dem dunklen Rønne-
und dem wesentlich helleren Ham-
mer- und Svaneke-Granit.

Bei den Gesteinen an der Südküste
handelt es sich um Sedimentgestein
und Verwitterungsreste jüngeren Da-
tums. Der Südosten besteht aus 250
bis 500 Mio. Jahre altem **Schiefer-
gestein**, wohingegen das Grundge-
stein bei Nexø ㊷ und im gesamten
Südwesten der Insel aus **Lehm und
Sandstein** aus der Jura- und Kreide-
zeit besteht. Großflächige Ablagerun-
gen aus dem jüngsten Zeitabschnitt
der Erdgeschichte treten in Form von
Sanddünen bei Dueodde ㊽ auf. In
den Schiefern im Süden der Insel
findet man zahlreiche **Fossilien**, darunter Trilobiten (eine Art Krebs) und
Graptolithen (polypenähnliche Tiere).

An der Westküste zwischen Rønne
und Hasle ❿ wurden 2006 **Spuren
zweier Dinosaurierarten** gefunden,
deren Alter man auf 170 Mio. Jahre
schätzt. Wie Bornholm vor Millionen
von Jahren aussah, erfährt man im interaktiven **Erlebniscenter NaturBornholm** ㊻, wo auch Kopien der Saurier-
fußabdrücke in Originalgröße zu bestaunen sind.

073bh-db

◁ *Erkundungen im Heidegebiet
Slotslyngen (s. S. 111)*

Von den Anfängen bis zur Gegenwart

Die **ersten Menschen** – Sammler und Jäger – ließen sich vor etwa 12.000 Jahren auf Bornholm nieder. Die Insel ist reich an archäologischen Funden, die Auskunft darüber geben, wie die Menschen damals lebten. Die ältesten Spuren lassen sich bis zum Ende der letzten **Eiszeit** zurückverfolgen, als Bornholm noch **mit dem Festland verbunden** war. Ackerbau mit Viehhaltung setzte sich um 4000 v. Chr. durch, ergänzt durch Fischfang und Jagd. Kenntnisse über das Leben in dieser Zeit vermitteln Ausgrabungen von Wohnstätten und Gräbern sowie Funde von Gegenständen in Feuchtgebieten. **Hünengräber,** die man vor allem im Süden der Insel findet, sind die sichtbarsten Spuren aus der jüngeren **Steinzeit**. Im Kulturhistorisk Museum ❹ in Rønne ❶ können sich Besucher anhand des Modells eines steinzeitlichen Hauses über diese Periode informieren.

In **schriftlichen Quellen** taucht Bornholm erstmals im 9. Jh. n. Chr. auf. Der erste Herrscher war wohl Wikingerkönig **Harald „Blåtand" („Blauzahn") Gormson** (s. auch Exkurs „Die Christianisierung der Wikinger" auf S. 78). Verwaltet wurde die Insel damals von der Burg Gamleborg aus, deren Ruine noch heute im Waldgebiet Almindingen ❸❻ steht. Zwei Jahrhunderte später wurde Bornholm für lange Zeit zum Spielball zwischen der Krone und den Erzbischöfen.

1149 König Svend Grathe (Sven III.) von Dänemark vermacht große Teile Bornholms an den Erzbischof von Lund. Lund, das heute in Südschweden liegt, gehört zu dieser Zeit zu Dänemark.

1250 Der Erzbischof von Lund lässt die Festung Hammershus ❶❽ errichten, um in den Machtkämpfen gegen die Krone

bestehen zu können. Dänemark verwaltet seinen Inselteil von der Lilleborg aus.

1259 Es kommt zu Streitereien zwischen dem Klerus und der Krone, die zur Gefangennahme des von der Kirche beauftragten Inselverwalters führen. Der im Auftrag des Erzbischofs eingesetzte Rügenfürst Jaromar II. erobert und plündert daraufhin die Lilleborg.

1327 Gründung der Kaufmannsstadt Rønne

1362 König Waldemar IV. erringt die Kontrolle über Bornholm und beendet die Feindseligkeiten zwischen Klerus und Krone mit der Übereinkunft, dass dem Erzbischof die Insel vom König dauerhaft übertragen wird.

1509–12 Während des Dänisch-Hanseatischen Krieges wird Bornholm wiederholt von der deutschen Hanse geplündert.

1522 Die Kirchenherrschaft ist endgültig vorbei.

1525 Dänenkönig Frederik I. verpfändet Bornholm an Lübeck, um Schulden zu begleichen. Während der folgenden 51 Jahre regieren Lübecker Vögte die Insel, Hammershus wird ausgebaut und ein Aufstand gegen die Fremdherrscher niedergeschlagen.

1576 Die Verpfändung endet und Bornholm gehört wieder den Dänen.

1684 Christian V. befiehlt den Bau der Festungen auf Christiansø und Frederiksø (s. S. 81).

1657 Dänemark muss nach einem Krieg gegen die Schweden Bornholm an die schwedische Krone abtreten.

1658 Unter der Führung von Jens Pedersen Kofoed organisieren Freiheitskämpfer aus Hasle ❿ einen Aufstand gegen die schwedischen Besatzer und siegen. Ein Denkmal auf dem Marktplatz in Hasle erinnert an die tapferen Kämpfer.

1744 Ein holländisches Schiff, das Standuhren geladen hat, strandet vor der

Westküste. Ein paar Holzdrechsler ergreifen die Chance und beginnen, die erbeuteten Uhren nachzubauen. In den folgenden Jahren entwickelt sich Rønne zum Zentrum der Uhrmacher. Einige der schönsten Exemplare sind im Kulturhistorisk Museum in Rønne ausgestellt (s. auch Exkurs auf S. 19).

1820 Der industrielle Abbau von Granit (s. S. 114) beginnt.

1855 Die Festungen von Christiansø und Frederiksø werden aufgelöst, die Inseln bleiben jedoch (bis heute) dem Verteidigungsministerium unterstellt.

1886 Die Brüder Koch in Gudhjem 30 errichten die erste Heringsräucherei Bornholms (Gudhjem Røgeri, s. S. 53).

1900 Die erste Eisenbahn fährt auf Bornholm. Details zu ihrer kurzen Geschichte erfährt man im Eisenbahnmuseum DBJ 45 in Nexø 42.

1911 Der schwedische Maler Karl Isakson kommt zum Malen nach Christiansø und Bornholm, ein Jahr später folgt der dänische Maler Edvard Weie. Die beiden gehören zu den ersten Künstlern der Bornholmer Schule (s. S. 47).

1940 Bornholm wird, wie ganz Dänemark, von der deutschen Wehrmacht besetzt. Am Strand von Dueodde 49 entstehen Bunker- und Geschützanlagen.

1943 Ludvig Mahler schafft mit dem Troll Krølle Bølle (s. S. 127) das Maskottchen der Insel.

1945 Russische Flieger bombardieren Rønne und Nexø. Nexø wird dem Erdboden gleichgemacht. Bornholm wird nach der Kapitulation von den Russen besetzt. Eine Ausstellung zum Thema Bornholm im Zweiten Weltkrieg zeigt das Kulturhistorisk Museum in Rønne (s. auch Exkurs auf S. 16).

1946 Die russische Besatzung endet.

1961 Am 20. Juni 1961 wird mit dem Motorschiff „Hammershus“, das 400 Passagieren Platz bietet, die erste Direktverbindung zwischen Deutschland und Bornholm nach dem Krieg eröffnet. Das Schiff legt um 18 Uhr in Travemünde ab und erreicht Rønne am nächsten Morgen um 6 Uhr. In einem *Zeit*-Artikel heißt es: „Zu Kaiser Wilhelms Zeiten sagte man scherzhaft auf der Insel: Von Mai bis September hat Bornholm nur eine Sprache – deutsch. Und heute stehen die deutschen Feriengäste auf der Fremdenliste schon wieder an zweiter Stelle nach den Schweden.“ Daran hat sich bis heute nichts geändert.

1970 Eine Verwaltungsreform schafft die Kirchspiele (Pfarrbezirke) ab und reduziert die Anzahl der selbstständigen Gemeinden. Die 22 Kirchspiele der Insel fusionieren zu den fünf Kommunen Aakirkeby 54, Allinge-Gudhjem, Hasle, Nexø und Rønne.

1990 Mit der Wende wird der Weg nach Bornholm kürzer: Vom 80 km entfernten Rügen braucht die Fähre nur 3½ Stunden bis Rønne.

1993 Königin Margrethe II. eröffnet Bornholms Kunstmuseum 28, dessen Sammlung sich auf Kunst konzentriert, die einen Bezug zu Bornholm aufweist.

2001 Die 1970 gebildeten Kommunen werden zu einer Gemeinde zusammengelegt.

2007 Sämtliche dänische Amtsbezirke werden abgeschafft und durch fünf Regionen ersetzt. Verwaltungstechnisch ist Bornholm nun ein Teil der Region Hovedstaden (Hauptstadtregion) auf Seeland.

2010 Schneerekord auf Bornholm. Rund 100 Mio. Tonnen Schnee mit einer Höhe von bis zu 1,40 m lasten auf der Insel.

2015 Das mehrsprachige Wochenblatt „Denne uges Bornholm“ feiert sein 50-jähriges Jubiläum. Bornholm nimmt 360 syrische Flüchtlinge auf.

PRAKTISCHE REISETIPPS

An- und Rückreise

Mit dem Flugzeug

Die **dänische Fluggesellschaft DAT** (Danish Air Transport) fliegt mehrmals täglich auf der Strecke Kopenhagen – Bornholm (und zurück). Der Flug dauert rund 35 Minuten.

Von deutschen Flughäfen wie z. B. Berlin, Frankfurt, München oder Düsseldorf gelangt man mit der **Fluggesellschaft SAS** (Scandinavian Airlines, www.flysas.com) nach Kopenhagen. Über die Website von SAS lässt sich der gesamte Flug bis Bornholm buchen. Das Gepäck wird automatisch bis Bornholm durchgecheckt. SAS fliegt auch von Zürich nach Kopenhagen, von Wien aus kommt man mit Austrian Airlines in die dänische Hauptstadt. Der **Aufenthalt in Kopenhagen** beträgt je nach Verbindung 1–2 Stunden.

Bitte bei der Buchung beachten: Beim Zielflughafen nicht Rønne ❶ eingeben, sondern Bornholm oder alternativ das **Flughafenkürzel RNN**. Je früher man den Flug bucht, desto günstiger ist er. In den Sommermonaten zahlt man etwa zwischen 100 und 200 Euro pro Strecke. Zudem sind Flüge unter der Woche oft preiswerter als am Wochenende.

Der **Flughafen Bornholms Lufthavn** [B8] ist 6–7 Autominuten vom Zentrum von Rønne entfernt.

Vom Flughafen fährt die **Buslinie 6** in den Stadtkern von Rønne, in entgegengesetzter Richtung bringt dieser Bus Urlauber bis nach Nexø ❷. Die **Buslinien Nr. 3 und 5** fahren ebenfalls

◁ *Vorseite: Mit dem Fahrrad kommt man auf Bornholm überall hin*

nach Rønne. Die genauen **Abfahrtzeiten** findet man auf der Internetseite www.bat.dk (dort unter A „Lufthavnen" eingeben).

Am Flughafen unterhalten diverse **Mietwagenfirmen** Büros, falls die Reise mit dem Auto fortgesetzt werden soll. Tipp: Rønne Autoudlejning (s. S. 120).

❯ **Infos zum Flughafen:** www.bornholmairport.dk

Mit der Fähre

Zumindest für Norddeutsche führt der schnellste Weg nach Bornholm **über Sassnitz auf Rügen**. Nach Sassnitz gelangt man entweder mit dem Auto oder mit den Zügen der Deutschen Bahn.

Die Überfahrt **nach Rønne** mit der Fähre der **Reederei Færgen** dauert etwa 3½ Stunden. Eine **einfache Fahrt** mit dem **Auto** mit einer Höhe von bis zu 1,95 Meter und bis zu fünf Personen kostet je nach Saison und Wochentag zwischen 120 und 240 €. Autos mit Anhängern oder Wohnwagen sowie Wohnmobile zahlen mehr. **Einzelpersonen** zahlen zwischen 25 und 32 €. Die Fähre **verkehrt** in der Hauptreisezeit (Ende Juni–Anf. Sept.) einmal pro Tag, Fr.–So. auch zweimal pro Tag.

Eine weitere Möglichkeit ist die Überfahrt vom **schwedischen Ystad** nach Rønne. Diese dauert eine Stunde und 20 Minuten und wird ebenfalls von der Reederei Færgen übernommen.

Von **Kopenhagen** gelangt man mit dem **DSB Intercity Bornholm** (keine Automitnahme möglich) und der **Fähre via Ystad** in 3½ Stunden nach Bornholm. Der Preis für die einfache Fahrt beträgt insgesamt 298 dkr (ca. 40 €).

cl-h4890

> ❯ **Fahrzeiten, Preise und Ticketbuchung:** www.faergen.de

Der **Busbahnhof** befindet sich direkt **am Fährhafen.** Busse der **Linien 3, 4 und 5** bringen Urlauber ins Zentrum von Rønne bzw. in die anderen Inselorte.

Wegen verstärkter Grenzkontrollen im Zuge der Flüchtlingssituation sollte man stets ein **Ausweisdokument** mit sich führen.

Mit dem eigenen Boot

Im Sommer ist Bornholm ein beliebtes Ziel von Seglern. Ob man mit dem Boot nun aus Deutschland, Dänemark, Schweden oder Polen kommt, Bornholm ist nie mehr als **einen Segeltag** entfernt. Auf der Insel gibt es 22 Häfen, wobei sich der wichtigste **Jachthafen** mit 100 Liegeplätzen in **Rønne** befindet. Weitere **große Häfen,** die auch für **Gastsegler** genügend Platz bieten, befinden sich in Hasle ❿, Tejn ㉔ und Nexø ㊷. Falls die Liegeplätze nicht explizit für Gastsegler ausgewiesen sind, sollte man beim Hafenmeister nachfragen, wo es nicht reservierte Plätze gibt. **Detaillierte Informationen** zu allen Häfen liefern die beiden **Websites** www.havneguide.dk/de und www.sailing-

guide.eu. Den **aktuellen Wetterbericht** des Dänischen Meteorologischen Instituts gibt es auf der Internetseite www.dmi.dk.

Autofahren

Autobahnen und Schnellstraßen gibt es auf Bornholm nicht, und die **Höchstgeschwindigkeit** auf Landstraßen liegt bei 80 km/h, innerhalb von Ortschaften bei 50 km/h. Bei Wohnmobilen und Fahrzeugen mit Anhänger gilt eine Höchstgeschwindigkeit von 70 km/h. Anders als in Deutschland müssen in Dänemark Autos und Motorräder tagsüber das **Abblendlicht** eingeschaltet lassen. Schon bei geringen Verkehrssünden werden **hohe Bußgelder** fällig. So muss beim Überfahren einer roten Ampel umgerechnet 270 € gezahlt werden; ein nicht angelegter Sicherheitsgurt sowie Telefonieren am Steuer schlagen mit umgerechnet 200 € zu Buche. Die **Promillegrenze** liegt bei 0,5 Promille. Wird diese überschritten, gibt es einen Monat Fahrverbot und eine Geld-

◩ *Ankunft einer Fähre*
im Hafen von Rønne ❶

buße, die unter Umständen der Höhe eines Monatsgehalts entspricht. Dänische Strafbescheide ab 70 € können übrigens auch in Deutschland vollstreckt werden.

Wohnmobile dürfen **über Nacht nur auf Campingplätzen** abgestellt werden. Diese Regel hat in ganz Dänemark Gültigkeit. Ebenso gilt, dass Wohnmobile und Autos mit Anhänger (z. B. Wohnwagen) eine **Gesamtlänge** von zwölf Metern und eine Breite von 2,55 Metern nicht überschreiten dürfen.

Tankstellen finden sich überall auf der Insel.

Einen **Mietwagen** bekommt man beispielsweise bei der Firma **Rønne Autoudlejning,** die Filialen in Rønne ❶ und am Flughafen unterhält. Hier die Adresse in Rønne:

■ **Mietwagen Rønne Autoudlejning** <139> Snellemark 19, Tel. 56907575, www. interrent.dk, geöffnet: im Sommer Mo.– Fr. 9 – 16, Sa. 10 – 14 Uhr, im Winter Mo.–Fr. 9 – 15, Sa./So. nach Vereinbarung. Wagenrückgabe jederzeit möglich (Schlüsseleinwurf).

Barrierefreies Reisen

Einer **behindertengerechten Infrastruktur** wird auf Bornholm viel Bedeutung beigemessen. Für Rollstuhlfahrer und Gehbehinderte geeignete **Strände** sind Balka Strand ㊼, Hullehavn Strand (s. S. 60) und Hasle Strand (s. S. 29).

Viele Hotels offerieren **barrierefreie Zimmer,** z. B. das Radisson Blu Fredensborg Hotel in Rønne (s. S. 22) oder das Hotel Balka Strand (s. S. 71); auch das Danhostel Boderne (s. S. 76) hat ein entsprechendes Angebot. Zudem sind viele Ferienwohnungen behinderten-

gerecht ausgestattet (z. B. Hasle Feriepark, s. S. 29). Der Ferienhausanbieter Dansk listet auf seiner Website barrierefreie Unterkünfte (www. dansk.de/urlaub/barrierefrei.aspx).

Weitere Infos zum Thema erhält man bei **Bornholms Touristeninformationen** (s. S. 123) sowie auf der Homepage des dänischen Vereins **Foreningen God Adgang** (zu Deutsch „Guter Zugang“):

❯ www.godadgang.dk/de/main.asp („Bornholm“ ins Suchfeld links eingeben)

Einige Fahrradverleihe bieten **behindertenfreundliche Räder** an, z. B. Boss Cykler (s. S. 60). Im Spätsommer treffen sich behinderte Menschen aus ganz Europa mit ihren Rädern zur großen **Handicap Tour de Bornholm.**

❯ Infos: www.tourdebornholm.dk (nur auf Dänisch)

Diplomatische Vertretungen

Die **Botschaften** haben in der dänischen Hauptstadt Kopenhagen ihren Sitz, Konsulate gibt es auf Bornholm nicht.

❯ **Deutsche Botschaft (Den Tyske Ambassade),** Stockholmsgade 57, 2100 Kopenhagen Ø, Tel. +45 35459900, Fax +45 35267105, info@kopenhagen. diplo.de, www.kopenhagen.diplo.de

❯ **Österreichische Botschaft,** Sølundsvej 1, 2100 Kopenhagen Ø, Tel. +45 39294141, Fax +45 39292086, kopen hagen-ob@bmaa.gv.at, www.bmeia. gv.at/botschaft/kopenhagen.html

❯ **Schweizer Botschaft,** Richelieus Allé 14, 2900 Hellerup, www.eda.admin.ch/ copenhagen, Tel. +45 33141796, Hotline in der Schweiz: +41 (0) 800247365

Geldfragen

Währung und Zahlungsmittel

Da Dänemark nicht Teil der Eurozone ist, ist die Währung Bornholms die **Dänische Krone (dkr)**. Die Münzen heißen **Øre**, wobei 100 Øre einer Krone entsprechen. Euros werden nur selten angenommen (nur in einigen Hotels). Die **Maestro-/EC-Karte** wird überall zur Zahlung akzeptiert, ebenso wie die gängigen **Kreditkarten.** Geldautomaten *(pengeautomat)* mit Maestro-Zeichen gibt es in den großen Städten wie Rønne ❶, Nexø ㊷, Hasle ❿, Gudhjem ㉚, Svaneke ㊳ und Aakirkeby ㊴.

Euros kann man in den Touristeninformationen (s. S. 123) in Dänische Kronen **umtauschen**. Die **Gebühren** für das Abheben an Geldautomaten betragen im Durchschnitt 3 €. Mit den Karten bestimmter Banken kann man an Automaten mit dem Maestro- oder Visa-Zeichen kostenlos Geld abheben – Urlauber sollten auf der Website ihrer Bank in den AGBs oder in ihren Vertragsunterlagen nachschauen, ob dies bei ihrer Karte der Fall ist.

Umrechnungskurs am Geldautomaten

Beim Abheben von Bargeld in Landeswährung wird manchmal angeboten, dass die Abrechnung mit dem eigenen Konto in Euro erfolgen kann. Das Verfahren ist als **Dynamic Currency Conversion (DCC)** bekannt. Wählt man diese Option, die ja sicherer erscheint, wird aber ein ungünstiger Wechselkurs zugrundegelegt, der erhebliche Kosten verursachen kann. Deshalb sollte man Abhebungen immer in der Landeswährung vom eigenen Konto abbuchen lassen. Dann legt die eigene Bank den offiziellen Devisenkurs zugrunde.

Wechselkurs

1 dkr	0,13 €/0,15 SFr
1 €	7,44 dkr
1 SFr	6,70 dkr

(Stand: Mai 2016)
Aktuelle Kursangaben finden sich z. B. bei www.oanda.com.

Preise und Kosten

Was die Preise für **Lebensmittel** betrifft, ist Dänemark **eines der teuersten Länder der EU.** Ein Hauptgericht unter 20 € ist kaum zu finden – Restaurants, die günstige Hauptgerichte anbieten, sind im Buch mit einem Eurozeichen (€) gekennzeichnet. Günstiger wird es, wenn man sich im Ferienhaus **selbst versorgt** und Grundnahrungsmittel aus der Heimat mitbringt. Berücksichtigen sollte man auch, dass der **Mehrwertsteuersatz** in Dänemark bei 25 Prozent liegt und Waren damit allgemein teurer sind.

Die Kosten für **Hotels und Ferienwohnungen** entsprechen dem dänischen Durchschnitt, der allerdings über dem deutschen liegt. Eine Kurtaxe entfällt. In der Hauptreisezeit im Juli/August sind die Preise für Unterkünfte erwartungsgemäß am teuersten. Mittelklassehotels (3 Sterne) kosten während der Hochsaison umgerechnet 160–200 € pro Nacht, in der Vor- und Nachsaison weniger als die Hälfte. **Ferienhäuser** schlagen, je nach Lage, mit 800–1000 € pro Woche zu Buche. Falls die Schulferien der Kinder es erlauben, sollte man vor dem 1. Juli und nach dem 15. August nach Bornholm fahren, denn außerhalb der dänischen Schulferien bekommt man ein Ferienhaus bereits für 400–600 € pro Woche.

Bornholm preiswert

> *Empfehlenswert ist die **Kombikarte** für die **vier Museen** von „**Bornholms Museum**" (Kulturhistorisk Museum* ❹, *Erichsens Gård* ❸, *Hjorths Fabrik* ❺, *Melstedgård* ㉝*) - statt 70 dkr für ein Museum zahlt man nur 100 dkr für alle vier.*

> *Der Eintrittspreis für das **Erlebniscenter NaturBornholm** ㊌ wird nur einmal fällig - das Ticket zu 120 dkr ist ein **Saisonticket** und kann während des gesamten Urlaubs mehrmals genutzt werden, das heißt, man kann es nach dem ersten Besuch ohne Aufpreis in ein Dauerticket umwandeln lassen.*

> *Die jährlich auf Bornholm stattfindenden **Open-Air-Konzerte** sind **kostenlos**, darunter das **Allinge Jazz Festival** im Juli (s. S. 101), das **Wonderfestiwall** im August (s. S. 102) und das **Østersø Jazz Festival** (s. S. 101) in Nexø Ende Juli.*

> *Bei **Johan Bülow Lakrids** (s. S. 64) darf kostenlos probiert werden - es besteht kein Kaufzwang!*

> *Für den **Freizeitpark Brændesgårdshaven** (s. S. 125) gibt es **günstige Familientickets** für bis zu fünf Personen.*

Hunde

Bornholm ist eine **hundefreundliche Insel**. Die langen Strände und die Waldgebiete bieten Hunden genügend Raum, um sich auszutoben. Trotzdem müssen folgende Regeln beachtet werden: Bei der Einreise sollte man den **EU-Heimtierausweis** bereithalten. Eine **Tollwutimpfung** bei Hunden ab drei Monaten muss mindestens 28 Tage vor der Einreise erfolgt sein. Der Hund muss entweder tätowiert oder gechipt sein, damit man ihn, falls er entläuft, schnell identifizieren und dem Besitzer zurückbringen kann. **Kampfhundrassen** und **Kampfhundkreuzungen** dürfen nicht einreisen. Dänemark stuft 13 Kampfhundrassen und Kreuzungen, bei denen eine dieser Rassen beteiligt ist, als gefährlich ein – eine Auflistung findet sich auf www.hunde-in-daenemark.de. Es ist wichtig, dass im Heimtierausweis die Rasse des Hundes genannt wird. Von April bis September besteht in Dänemark eine **Leinenpflicht**; das freie Herumtoben an ruhigen Strandabschnitten ist jedoch möglich. Von Oktober bis März dürfen Vierbeiner ohne Leine herumrennen. Ist der Hund krank oder verletzt? Eine **Tierklinik** befindet sich in Aakirkeby ㊴:

> **Tierklinik Aakirkeby** <140> Almindingsvej 2 b, Tel. 56974962, www.aakirkeby-dyreklinik.dk, geöffnet: Mo.–Fr. 8–17, Do. bis 19 Uhr

070 bh.db

Informationsquellen

Infostellen zu Hause

Dänemarks offizielle **Tourismuszentrale** hat ihren Sitz in Hamburg und ist für Deutschland, Österreich und die Schweiz zuständig. Über die Website lassen sich kostenlos **Broschüren** bestellen.

> **VisitDenmark**, Glockengießerwall 2, 20095 Hamburg, Tel. 0180 5326463, www.visitdenmark.de

Infostellen auf der Insel

Die **zentrale Touristeninformation** der Insel, das „**Willkommenscenter**" (**Bornholms Velkomstcenter**), befindet sich in Rønne ❶ (s. S. 21). Weitere kleinere Touristeninformationsbüros gibt es in den anderen Städten. Alle Details sind im ersten Teil des Buches unter „Infos und Reisetipps" bei den jeweiligen Orten gelistet:

> **Allinge Turistinformation** (s. S. 41)
> **Gudhjem Turistinformation** (s. S. 52)
> **Halse Turistinformation** (s. S. 29)
> **Nexø Turistinformation** (s. S. 69)
> **Svaneke Turistinformation** (s. S. 60)

Bornholm im Internet

> **www.visitdenmark.de:** Offizielle Website der dänischen Tourismuszentrale. Gibt man den Suchbegriff „Bornholm" ein, erscheinen u. a. Infos zu den Attraktionen, Unterkünfte und Veranstaltungen auf der Insel.

⌃ *Die größte Touristeninformation befindet sich am Hafen von Rønne* ❶

⌃ *Hammershus* ⑱ *als Konzertkulisse: das Wonderfestiwall (s. S. 102)*

> **www.bornholm.info/de:** Informativ gestaltete Website von Destination Bornholm, des Tourismusverbands der Insel. Man findet hier Unterkünfte, Infos zu Shopping, Restaurants, Events und jede Menge Empfehlungen für den perfekten Bornholm-Urlaub.

> **www.bornholmmylove.com:** Privater Blog von Steffi Schroeter, die seit 2006 mit ihrer Familie auf Bornholm lebt. Sie berichtet lebendig über ihren Alltag als Insulanerin sowie die Trends auf Bornholm und liefert wertvolle Tipps für Reisende.

Publikationen und Medien

Für Touristen ist die Wochenzeitschrift **Denne Uges Bornholm** („Diese Woche in Bornholm") interessant. Die über 100 Seiten starke Publikation ist viersprachig (dänisch, deutsch, englisch, polnisch), informiert über alle Veranstaltungen in den einzelnen Inselorten und liegt kostenlos in den Touristeninformationen (s. links) und größeren Hotels aus.

Überregionale deutschsprachige Zeitungen sind während der Sommermonate u. a. an den **Kiosken** im Rathaus von Rønne ❶, am Dueodde-Parkplatz und an der Straße Kirkegade in Allinge ㉑ erhältlich.

Meine Literaturtipps

❯ Jahnn, Hans Henny: **Fluss ohne Ufer,** Hoffmann und Campe, 2014. In der Romantrilogie des deutschen Schriftstellers, der ab 1934 als Hofbesitzer auf Bornholm lebte und sein über 2000 Seiten langes Monumentalwerk auf der Insel verfasste (s. „Deutsche im Bornholmer Exil", S. 30), wird die Bornholmer Landschaft thematisiert.

❯ Nexø, Martin Andersen: **Pelle der Eroberer.** In seinem autobiografisch geprägten Roman beschreibt Nexø das harte Leben der Steinbrucharbeiter, Bauern und Fischer auf Bornholm im späten 19. Jh. und setzt Bornholm mit dem vierbändigen Werk ein sprachgewaltiges Denkmal. Leider sind die vier Bände des Romans derzeit nur antiquarisch erhältlich. Bille August verfilmte den ersten Band 1987 und erhielt dafür einen Oscar.

❯ Turèll, Dan: **Mord auf Bornholm,** Bastei Lübbe, 2007. Unter den neun Kriminalgeschichten im Buch ist Bornholm zumindest mit einem Mordfall vertreten. Die Krimis lesen sich spannend und bringen dem Leser das Leben in Dänemark näher.

❯ Veihelmann, Julia: **Unterkunft,** Braumüller Literaturverlag, 2013. In ihrem Debütroman schreibt die preisgekrönte junge Autorin über ihre Zeit auf Bornholm. Die Romanheldin, Tabea, strandet nach Jahren des Herumreisens auf der Ostseeinsel und ihr fällt kein Ort ein, an dem sie lieber wäre. So bleibt sie auch den Herbst über in dem Hostel, in dem sie sich im Sommer eingemietet hat. Dabei erinnert sie sich an all die Urlauber, mit denen sie getrunken hat und an ihre Freunde von früher, mit denen sie nie auf Bornholm war.

Smartphone-Apps

❯ **Bornholm Travel Map:** Die Anwendung bietet dem User eine präzise, offline nutzbare Karte mit allen Orten und Straßennamen auf der Insel (0,99 € für iOS).

❯ **Open2day:** Noch schnell etwas einkaufen, aber wo? Und bis wann hat eigentlich das Museum heute geöffnet? Diese auch auf Deutsch verfügbare App hilft weiter. Mit praktischem Routenplaner zum gewünschten Ort (kostenlos für Android und iOS).

❯ **Rejseplanen:** Die auch in deutscher Sprache erhältliche Anwendung ist ideal für das Busfahren auf Bornholm – inklusive Routenplaner, Kartenansichten und Preisauskunft (kostenlos für Android, iOS und WindowsPhone).

❯ **Sound of Bornholm:** Diese App präsentiert die Geräusche der Insel: Audiosequenzen von der felsigen Nord- und der sandigen Südküste, aus dem Waldgebiet Almindingen **36**, diverse Vogelstimmen und vieles mehr (1,75 € für Android, 1,99 € für iOS, es gibt auch kostenlose Schnupperversionen).

Internet

Hotels, Jugendherbergen und Campingplätze bieten in der Regel **WLAN** an, **meistens kostenlos.** Normalerweise wählt man sich über ein Passwort bzw. einen Zugangscode ein oder man nutzt das **WiFi-Netzwerk The Cloud** (www.thecloud.net).

In **Rønne** ❶ gibt es einen kostenlosen **WLAN-Hotspot** bei der **Touristeninformation** (s. S. 21), wo man auch zwei Computer kostenfrei nutzen kann.

Medizinische Versorgung

Für Notfallbehandlungen sollte man unbedingt die **Europäische Krankenversicherungskarte** mitnehmen; diese ist auf die Rückseite der „normalen" Krankenversicherungskarte gedruckt und erleichtert das Prozedere vor Ort.

Krankenhaus und Zahnklinik

Das **Krankenhaus mit Notaufnahme** befindet sich in **Rønne** ❶, südlich des Zentrums. Die Notfallbehandlung dort erfolgt kostenlos. Alle Ärzte sprechen Englisch, einige auch Deutsch.
- **Bornholms Hospital** <141>
  Ullasvej 8, Tel. 56951165,
  www.bornholmshospital.dk
- **Tandklinikken Rønne (Zahnklinik)** <142>
  Lille Torv 16, Tel. 56952466
- ❭ **Ärztlicher Notdienst:**
  Tel. 1813 (ohne Vorwahl)

Die Behandlung in **Arztpraxen** muss häufig **direkt bezahlt** werden. Die Kosten werden in der Regel nach dem Urlaub von der heimischen Krankenkasse **erstattet**, sofern sie nicht über dem deutschen ärztlichen Gebührensatz liegen. Ist eine Auslandskrankenversicherung vorhanden, übernimmt diese die zusätzlichen Kosten. Wichtig ist, dass man sich eine Rechung über die Behandlung ausstellen lässt.
Da es auf Bornholm zu **FSME-Infektionen** in Folge von **Zeckenbissen**

kommen kann, ist es ratsam, sich vor Reiseantritt **impfen** lassen – vor allem, wenn Wanderungen in Wald und Heide geplant sind.

Apotheken

- ❭ **Allinge Apotek** <143> Kirkegade 13, Tel. 56480048, geöffnet: Mo.–Do. 9–17.30, Fr. 9–18, Sa. 9.30–13.30 Uhr
- **Nexø Apotek** <144> Strandgate 7, Tel. 56492019, geöffnet: Mo.–Fr. 9–17.30, Sa. 9–13 Uhr
- **Rønne Apotek** <145> Store Torvegade 12, Tel. 56950130, www.roenne-apotek.dk, geöffnet: Mo.–Do. 9–17.30, Fr. 9–18, Sa. 9.30–13.30 Uhr
- **Svaneke Apotek** <146> Havnebryggen 7 b, Tel. 56496099, geöffnet: Mo.–Fr. 9–18, Sa. 9–12.30 Uhr

Mit Kindern unterwegs

Dänemark gilt als eines der **kinderfreundlichsten Länder Europas** und so lassen sich auch auf Bornholm jede Menge Aktivitäten für die Kleinen finden.
- ❭ **Bornholms Middelaldercenter** ㉟.
  Auf dem Gelände mit Häusern, landwirtschaftlichen Gebäuden, Wassermühle, Tieren und Geschichtenerzählern dreht sich alles um das Leben von 1300 bis 1450. Hier können Kinder mit Metalldetektor und Schaufel in die Rolle eines Archäologen schlüpfen, Tiere streicheln, mit Pfeil und Bogen schießen oder sich an einer Schatzsuche beteiligen.
- ❭ **Erlebniscenter NaturBornholm** ㊱.
  Hier reisen Kinder mit der Zeitmaschine um 170 Mio. Jahre zurück und tauchen u. a. in die Welt der Dinosaurier ein.
- ❭ **Freizeitpark Brændesgårdshaven** <147>
  Højevejen 4, 3 km westlich von Svaneke, Tel. 56496076, www.braendesgaards haven.com, geöffnet: Juli–Mitte Aug. tgl.

10–18.30 Uhr, Mai/Juni/Mitte Aug.–Mitte Sept. s. Website. Eintritt: Juli–Mitte Aug. 149 dkr, Mai/Juni/Mitte Aug.–Mitte Sept. 129 dkr, Familienkarte 400 bzw. 500 dkr, Kinder bis 3 J. Eintritt frei. Der Natur- und Freizeitpark auf dem ehemaligen Gut Brændesgård, auch Joboland genannt, ist Bornholms größter Vergnügungspark. Auf kleine Gäste warten u. a. ein 6000 m² großes beheiztes Badeland mit Rutschen und Babybereich, ein Zoo mit Affen, Eseln, Kängurus, Ziegen, Kaninchen und Papageien, Hüpfburgen, Minigolf, Kletterland und Hindernispfad, Gokarts, eine Seilbahn, ein See mit Ruderbooten, Zaubershows und unterirdische Höhlen, die Einblick in die Welt des Trolls Krølle Bølle (s. S. 127) gewähren. Hier sind Kinder den ganzen Tag über beschäftigt!

› **Greifvogelshow (Bornholms Rovfugleshow)** <148> Lundsgårdsvej 4, Nyker, Tel. 96793037, www.bornholmsrovfugleshow.dk, Vorführungen: April/Mai Di. 11 Uhr, Juni Di.–Do. 11 Uhr, Juli/Aug. Di.–So. 11 Uhr, Sept. Di./Mi. 11 Uhr, Okt. Mo. 11 Uhr, Juli auch Di.–Do. 16 Uhr, Mai–Okt. auch So. 11 Uhr, Eintritt: 100 dkr, Kinder 4–14 J. 70 dkr, darunter Eintritt frei, Familienticket (2 Erw./2 Kinder) 250 dkr. Adler, Geier und Falken fliegen dicht über die Besucher hinweg. Mutige Kinder dürfen die Vögel sogar auf dem Arm tragen – geschützt werden sie dabei von dicken Lederhandschuhen. Ist das Wetter schlecht, fliegen die Vögel in einer Halle.

› **Hof Lille Bjergegård** <149> Bjergebakkevejen 2, Vestermarie, geöffnet: April–Sept. Mo.–Fr. 7–18 Uhr, Okt.–März Mo.–Fr. 8–17 Uhr. Auf dem Hof östlich von Rønne befindet sich die Heimstätte des Hammershus-Lamms. In den Herbstferien können Kinder dort täglich die Zusammenarbeit zwischen dem Schäfer und seinen Hunden erleben und unter Aufsicht Pony reiten.

› **Kutschfahrt im Waldgebiet Almindingen** 36: Zweistündige Tour im Pferdewagen, die vom Danhostel Boderne (s. S. 76) angeboten wird. Termine: Mitte Juni–Mitte Aug. Di.–Do., So. und an Feiertagen. Die Tour startet im Sommer um 18 Uhr. Außerhalb der Sai-

Schwein gehabt: auf dem Weingut Lille Gadegård (s. S. 106)

Bornholmer Maskottchen und Mitbringsel: der Troll Krølle Bølle

Der kleine Troll mit dem lustigen Namen „Locken-Strolch" lebt mit seinen Eltern Bobbarækus und Bobbasina und seiner kleinen Schwester Krølle Borra im Hügel Langjeberg in der Nähe der Burgruine Hammershus **18**. Wenn sich der Langjeberg täglich um Mitternacht öffnet, sieht man dort angeblich Hunderte von Trollen. Krølle Bølle begibt sich auf Wanderschaft und erlebt bei seinen Ausflügen über die Insel viele Abenteuer.

Geschaffen wurde die Figur 1943 von Ludvig Mahler, einem Mitarbeiter der Bornholmer Eisenbahngesellschaft Bornholmske Jernbaner. Als Mahler den Sommer 1943 mit seinem Sohn Ole in seiner Hütte am Langebjerg verbrachte, fragte ihn Ole, wer wohl in dem Hügel leben würde. Daraufhin erzählte Mahler alte Geschichten aus Kindertagen, die er von seiner Mutter und seiner Großmutter gehört hatte und erfand so die Figur des Krølle Bølle.

Legenden von Trollen bzw. „Underjordiske" („Unterirdischen") existieren schon seit Langem auf Bornholm. Die kleinen Wesen mit Ringelschwanz und Knollennase sollen in Hügeln und den unterirdischen Grotten der Klippen leben. Ihr König ist Bobbarækus Filiækus. Die teilweise gruseligen Geschichten erzählen Eltern ihren Kindern, um sie beim Spielen von gefährlichen Orten wie Klippen und Felsen fernzuhalten.

Ole war von den Geschichten über den kleinen Troll und seine Familie so begeistert, dass sich sein Vater immer wieder neue Geschichten ausdachte und diese für Ole zeichnete. Als der Verlag Ernst G. Olsen in Rønne **1** davon erfuhr, schlug er vor, die Zeichnungen zu veröffentlichen. So erschien 1948 das Buch „Bobbarækus Filiækus – med Krølle-Bølle rundt på Bornholm" („Bobbarækus Filiækus – mit Krølle Bølle rund um Bornholm"), in dem der kleine Troll alle Sehenswürdigkeiten der Insel besucht.

Ole Mahler, der seit 2006 in Rønne und Hasle **10** Keramikfiguren der Krølle-Bølle-Familie produziert, besitzt die Rechte am Namen Krølle Bølle und an den Zeichnungen seines Vaters. Der Troll ist seit vielen Jahren das Maskottchen Bornholms und grüßt aus Vorgärten, von T-Shirts und Postkarten, als Comic-, Ton- oder Plüschfigur.

son finden Fahrten nur Sa. und So. um 14 Uhr statt. Anmeldung unter Tel. 56974950 bis spätestens 10 Uhr desselben Tages, Preis inkl. Verpflegung: Erw. 140 dkr, Kinder 2 – 12 J. 75 dkr. Bei der Kutschfahrt geht es zwölf Kilometer durch den Wald, vorbei an alten Burgen und Wackelsteinen und hinauf zum Rytterknægten. Dort gibt es Kaffee, Tee, Saft und hausgemachten Kuchen. Infos: www.rosengaarden.dk (nur auf Dänisch).

> **Landwirtschaftsmuseum Melstedgård 33**. Hier erfahren Kinder alles über das Zusammenleben von Tieren und Menschen auf einem alten Bauernhof. Es werden jede Menge Aktivitäten für die ganze Familie geboten, beispielsweise Kutschfahrten im Pferdewagen, Besichtigungen der Mühle, „Pelle"-Touren (s. S. 52), Mittagessen im Bauernhaus und etliche wöchentlich wechselnde Events.

Notfälle

Die **allgemeine Notrufnummer 112** gilt für Polizei, Feuerwehr und Krankenwagen. Nachdem der Notruf gewählt wurde, kommt eine automatische Ansage auf Dänisch. Dadurch bitte nicht verunsichern lassen, sondern einfach warten, denn man wird automatisch mit jemandem verbunden.

Polizei und Fundbüro

■ **Bornholms Politi** <150> Zahrtmannsvej 44, Rønne, Tel. 56901448. Das Fundbüro befindet sich innerhalb der Polizeistation.

Kartensperrung

Bei **Verlust der Debit-(EC-), Kredit- oder SIM-Karte** gibt es für Kartensperrungen eine **deutsche Zentralnummer** (unbedingt vor der Reise klären, ob die eigene Bank diesem Notrufsystem angeschlossen ist). **Aber Achtung:** Mit der telefonischen Sperrung sind die Karten zwar für die Bezahlung/Geldabhebung mit der PIN gesperrt, nicht jedoch für das **Lastschriftverfahren mit Unterschrift.** Man sollte daher auf jeden Fall den Verlust zusätzlich **bei der Polizei zur Anzeige bringen**, um gegebenenfalls auftretende Ansprüche zurückweisen zu können.

In **Österreich** und der **Schweiz** gibt es keine zentrale Sperrnummer, daher sollten sich Besitzer von in diesen Ländern ausgestellten Debit-(EC-) oder Kreditkarten vor der Abreise bei ihrem Kreditinstitut über den zuständigen Sperrnotruf informieren.

Generell sollte man sich immer die **wichtigsten Daten** wie Kartennummer und Ausstellungsdatum **separat** notieren, da diese unter Umständen abgefragt werden.

❯ **Deutscher Sperrnotruf:** Tel. +49 116116 oder Tel. +49 3040504050
❯ **Weitere Infos:** www.kartensicherheit.de, www.sperr-notruf.de

Öffnungszeiten

Im Allgemeinen haben die **Geschäfte** Montag bis Donnerstag von 9.30 bis 17.30 Uhr, freitags häufig auch bis 20 Uhr und samstags von 10 bis 13/14 Uhr geöffnet. In den meisten **Restaurants** schließt die Küche am Abend bereits um 20.30/21 Uhr, in der Hauptsaison um 22 Uhr. **Banken** sind werktags von 10 bis 16 Uhr geöffnet.

Viele Geschäfte auf Bornholm, ganz besonders in den Ferienorten, haben in der **Nebensaison** nur **eingeschränkt geöffnet.** So öffnen einige Läden nur an wenigen Tagen der Woche oder erst am Nachmittag. Aktuelle Angaben zu den Öffnungszeiten findet man auf der Website www.openhours.dk. Falls nicht anders angegeben, sind hier im Buch die Öffnungszeiten der Hauptsaison genannt.

Post

Postfilialen gibt es in Rønne ❶, Hasle ❿, Allinge ㉑, Gudhjem ㉚, Svaneke ㊳ und Nexø ㊷. Das **Porto** für einen Brief oder eine Karte innerhalb Europas beträgt einheitlich 12 dkr. Wer eine Briefmarke kaufen möchte, verlangt eine *frimærke*. Die **Briefkästen** in Dänemark sind rot.

■ **Postfiliale Rønne (Rønne Postbutik)**
<151> Store Torv 11, geöffnet: Mo.–Fr. 10–17, Sa. 9.30–12 Uhr

Schwule und Lesben

Dänemark ist für seine **Toleranz und Offenheit** gegenüber Homosexuellen bekannt. Bereits 1989 verabschiedete das Land ein Gesetz über Eingetragene Partnerschaften und war damit weltweit das erste Land, in dem dies möglich war. Gleichgeschlechtliche Eheschließungen sind seit 2012 erlaubt. Spezielle Bars und Hotels für Schwule und Lesben gibt es auf Bornholm zwar nicht, man ist gleichgeschlechtlichen Paaren gegenüber jedoch aufgeschlossen.

Sprache

Auf Bornholm spricht man **Dänisch.** Wer kein Dänisch kann, hat trotzdem keine Probleme, denn die meisten Insulaner sprechen **Englisch,** viele auch **Deutsch.** Im Anhang dieses Reiseführers finden Reisende eine **kleine Sprachhilfe** (s. S. 134) mit den wichtigsten landessprachlichen Begriffen.

Telefonieren

Alle dänischen Telefonnummern, auch die auf Bornholm, bestehen aus **acht Ziffern.** Eine Ortsvorwahl gibt es nicht und somit auch **keine 0** vor den Ziffern. Wenn man aus dem Ausland anruft, wählt man die Ländervorwahl und danach die achtstellige Rufnummer.

Vorwahlen
› Dänemark: 0045
› Deutschland: 0049
› Österreich: 0043
› Schweiz: 0041

Die **örtliche Telefonauskunft** ist unter **Tel. 118** zu erreichen, die **internationale** unter **Tel. 113.**

Touren

Die Insel aus der Vogelperspektive zu betrachten, ist ein ganz einmaliges Erlebnis. **Helikopterflüge der Firma Skyfox** starten wochentags von Juli bis Mitte September an fünf verschiedenen Orten. Es kann jeweils zwischen **drei Touren** gewählt werden, die 5, 10 und 15 Minuten dauern. Eine Voranmeldung ist außer am Standpunkt Rønne ➊ nicht notwendig. Man erscheint einfach im genannten Zeitraum an diesen Orten:
› **Montags:** Allinge ㉑, Zirkuswiese in der Nähe des Hafens, 10–16 Uhr
› **Dienstags:** am Hafen von Snogebæk ㊽, 10–17 Uhr
› **Mittwochs:** Flughafen Rønne, nur mit Voranmeldung
› **Donnerstags:** Hasle ➓, große Wiese hinter der Hasle Røgeri ⑫, 10–17 Uhr
› **Freitags:** Nexø ㊷, Zirkuswiese hinter dem Netto-Supermarkt, 10–17 Uhr
› **Infos und Buchung:** Tel. 28911409 oder E-Mail an skyfox@skyfox.dk

Unterkunft

Zu den **beliebtesten Unterkunftsarten** auf Bornholm zählen **Ferienhäuser und -wohnungen,** gefolgt von **Campingplätzen** am Meer. Aber auch kleine Hotels, Pensionen und Hostels werden gern gebucht. Die Tourismuszentrale Bornholm bietet auf ihrer **Website www.bornholm.info/de** eine **Übersicht über Unterkunftsanbieter** an.

Die **Hochsaison** auf Bornholm dauert von **Anfang Juli bis Mitte August;**

EXTRAINFOS

Unterkunftsvermittlung inselweit

Der Ferienhausanbieter **Bornholm-tours** vermittelt rund 600 Ferienwohnungen und -häuser, Ferienparks und Campinghütten auf der ganzen Insel **in allen Preisklassen**. Da der Anbieter eng mit den Bornholmer Verkehrs- und Erlebnisunternehmen zusammenarbeitet, gibt es dort bei Buchung einer Unterkunft Rabatte. Bornholmtours bietet zudem diverse Pakete an, in denen Fährtickets, Touren, Museen, Golfspielen oder ein Drei-Gänge-Menü im Aussichtsrestaurant Le Port in Vang (s. S. 34) inbegriffen sind.

- **Bornholmtours** <152>
  Sødre Hammer 2 g, Nexø, Tel. 56493200, www.bornholmtours. de, geöffnet: April–Aug. Mo.–Fr. 10–17, Sa./So. 10–16 Uhr, Sept.–März Mo.–Fr. 10–17 Uhr

Buchungsportale

Neben Buchungsportalen für **Hotels** (z. B. www.booking.com, www.hrs. de oder www.trivago.de) bzw. für **Hostels** (z. B. www.hostelworld.de oder www.hostelbookers.de) gibt es auch Anbieter, bei denen man **Privatunterkünfte** buchen kann. Portale wie www.airbnb.de, www.wimdu. de oder www.9flats.com vermitteln Wohnungen, Zimmer oder auch nur einen Schlafplatz auf einer Couch. Diese oft recht günstigen Übernachtungsmöglichkeiten sind nicht unumstritten, weil manchmal normale Wohnungen gewerblich missbraucht werden. Wenn die Kommune regulierend eingreift, kann das zu kurzfristigen Schließungen führen. Eine Buchung unterliegt also einem gewissen Restrisiko.

in diese sechs Wochen fallen die landesweit einheitlichen **dänischen Schulferien**. Die meisten Unterkünfte sind in diesem Zeitraum bereits ab Januar komplett **ausgebucht**. Sind die dänischen Schulferien zu Ende, geht das Gästeaufkommen auf der Insel spürbar zurück und die Unterkünfte werden preiswerter. Hotels und Ferienhausvermieter haben sich auf den **Saisonbetrieb** eingestellt: Sie schließen Ende Oktober, wenn die dänischen Herbstferien vorbei sind, und öffnen erst wieder an Ostern. Große Hotels wie das Radisson Blu Fredensborg Hotel (s. S. 22) in Rønne ❶ haben das ganze Jahr hindurch geöffnet.

Hotels, Pensionen und Hostels werden im ersten Teil des Buches unter den jeweiligen Orten im Detail vorgestellt.

Verkehrsmittel

Busse

Wer ohne Auto anreist und sich auch keinen Mietwagen zulegen möchte, gelangt sowohl vom **Hafen** als auch vom **Flughafen** (s. An- und Rückreise, S. 118) ohne Probleme mit dem Bus an jeden Ferienort auf Bornholm.

Die Busse der **Bornholmer Verkehrsbetriebe BAT** fahren regelmäßig alle größeren Orte der Insel an. Sie verkehren etwa im **stündlichen Rhythmus**, während der Sommersaison häufiger, außerhalb der Saison seltener. Der **zentrale Busbahnhof** befindet sich im **Hafen von Rønne** ❶. Mit den **Linien 3, 5, 7 und 8**

▷ *Die Bornholmer Busse fahren über die gesamte Insel*

erreicht man die **Strände Balka**  **47** **und Dueodde 49**. Die **Linien 7 und 8** fahren im Sommer entlang der Küste **rund um die Insel** – allerdings nicht nach 18 Uhr.

Auf den Landstraßen kann man jederzeit ein- und aussteigen, auch wenn gerade keine Haltestelle sichtbar ist – ein **Handzeichen Richtung Busfahrer** genügt.

Fahrpläne findet man auf der Internetpräsenz **www.bat.dk**. Die Website gibt es zwar nur **auf Dänisch**, sie ist aber so gestaltet, dass man sich auch ohne Dänischkenntnisse zurechtfindet. Man muss nur Start und Ziel eingeben, dann öffnet sich der Fahrplan rechts auf der Seite. Sämtliche Fahrpläne lassen sich zudem als PDF-Dateien herunterladen. Noch einfacher funktioniert die **Website www.rejse planen.dk,** wo auch eine **deutsche Version** zur Verfügung steht.

Zehnerkarten kosten je nach Zone zwischen 85 und 315 dkr, eine **Tageskarte**, die für alle Zonen gilt, schlägt mit 150 dkr zu Buche und für eine **Wochenkarte**, mit der man sieben Tage lang kreuz und quer über die Insel fahren kann, zahlt man 500 dkr.

Ideal für Radler: Die Busse nehmen bis zu vier **Fahrräder** mit.

Die **BAT-Linien 1–10** befahren die folgenden Routen:

> **Linien 1 und 4:** Rønne – Allinge-Sandvig **21** – Østermarie – Rønne (nördlicher Inselteil)
> **Linie 2:** Rønne – Helligdommen (Helligdomsklipperne **29**) –Allinge-Sandvig – Burgruine Hammershus **18** (nördlicher Inselteil)
> **Linien 3 und 5:** Rønne – Østerlars –Svaneke **38** – Nexø **42** – Balka Strand **47** – Snogebæk **48** – Aakirkeby **51** – Flughafen – Rønne (südlicher Inselteil)
> **Linie 6:** Rønne – Flughafen – Aakirkeby – Nexø (südwestlicher Inselteil)

> **Linien 7 und 8:** Rønne – Hasle **10** – Sandvig – Gudhjem **30** – Svaneke – Nexø – Balka Strand – Dueodde **49** – Aakirkeby – Rønne (einmal rund um Bornholm, immer an der Küste entlang)
> **Linie 9:** Rønne – Aakirkeby – Almindingen **36** – Østermarie – Gudhjem – Helligdommen – Rø (Inselmitte, von der West- bis zur Ostküste und zurück)
> **Linie 10:** Rønne – Klemensker – Hasle – Vang **16** – Allinge-Sandvig (nordwestlicher Inselteil)

Sammeltaxis

BAT bietet die Buchung von Sammeltaxis an, zum Beispiel **zum Hafen** oder **Flughafen**. Ein Anruf im BAT-Büro in Rønne muss bis spätestens drei Stunden vor Abfahrt des Schiffes bzw. vor dem Abflug erfolgen.
> Buchung unter Tel. 56952121

Taxis

Am Flughafen und am Hafen von Rønne befinden sich **Taxistände**. Abhängig vom Ziel **kostet** eine Fahrt zwischen 60 und 300 dkr (ca. 8–40 €).
> **DanTaxi:** Tel. 56952301
> **Nexø Taxi:** Tel. 56492300
> **Pedersker Taxi:** Tel. 56978090
> **Taxi Nord:** Tel. 56480832

Wetter und Reisezeit

Auf Bornholm herrscht von **Mai bis Oktober** ein **mildes Klima** und die Sonne scheint mit durchschnittlich 1580 Sonnenstunden im Jahr weitaus häufiger als im Rest von Dänemark. Ab **November** gibt es viele **Nebel- und Regentage** und es ist schon ab 16 Uhr dunkel. Bis in den März hinein kann es leichte Fröste geben, manchmal kommt es zu schneereichen Wintern.

Im **Hochsommer** wird die Dreißig-Grad-Marke selten überschritten, schwüles Wetter ist die Ausnahme und fast immer weht vom Meer her ein **frischer Wind.** Mit durchschnittlich 9,4 Sonnenstunden pro Tag ist der Wert zur Mittsommerzeit im Juni am höchsten. Im August, wenn die Sonne wieder tiefer steht, sind es noch 7,1 Stunden. Die **Wassertemperaturen** der Ostsee betragen im Juli und August 17 °C, im September 15 °C.

Die **Hauptsaison** für Touristen liegt in den drei Sommermonaten **Juni, Juli und August**, wobei die eigentliche Hochsaison Anfang Juli startet und Mitte August endet. In diese sechs Wochen fallen die **dänischen Schulferien** und ganz Dänemark macht Urlaub.

In der **Nebensaison** präsentiert sich Bornholm von einer ganz anderen Seite. Wenn es ab Oktober ruhig wird zwischen Allinge-Sandvig ❷ und Dueodde ⓭, erlebt man den **Herbst** von seiner schönsten Seite. Die Landschaft erstrahlt in einem prächtigen Farbenkleid, die Sonne steht am blauen, fast wolkenlosen Himmel und es ist noch recht mild. Das ist die perfekte Zeit für Radtouren entlang der Küste, Wanderungen durch den bunten Herbstwald oder ausgedehnte Spaziergänge an den leeren, weißen Sandstränden von Balka ⓮ und Dueodde. Gerade für **Kinder** bietet die Insel im Herbst ein abwechslungsreiches Programm: So findet während der dänischen Herbstferien Mitte Oktober in Gudhjem ⓾ das einwöchige Festival **Halloween in Gudhjem** statt. Auch das **Kinderfestival in Hasle** (beide s. S. 102) lässt die Herzen der Kleinen höherschlagen.

Durchschnitt	**Wetter auf Bornholm**											
Maximale Temperatur	1°	1°	5°	11°	16°	20°	22°	21°	17°	12°	6°	2°
Minimale Temperatur	−4°	−4°	−2°	2°	6°	10°	12°	12°	9°	6°	2°	−2°
Regentage	16	13	13	12	12	12	14	13	14	14	17	17
Wassertemperatur	3°	2°	3°	4°	7°	12°	16°	17°	15°	12°	8°	6°
	Jan	Febr	März	Apr	Mai	Juni	Juli	Aug	Sept	Okt	Nov	Dez

▷ *Bronzeskulptur im Hof von Grønbechs Gård* ⓫

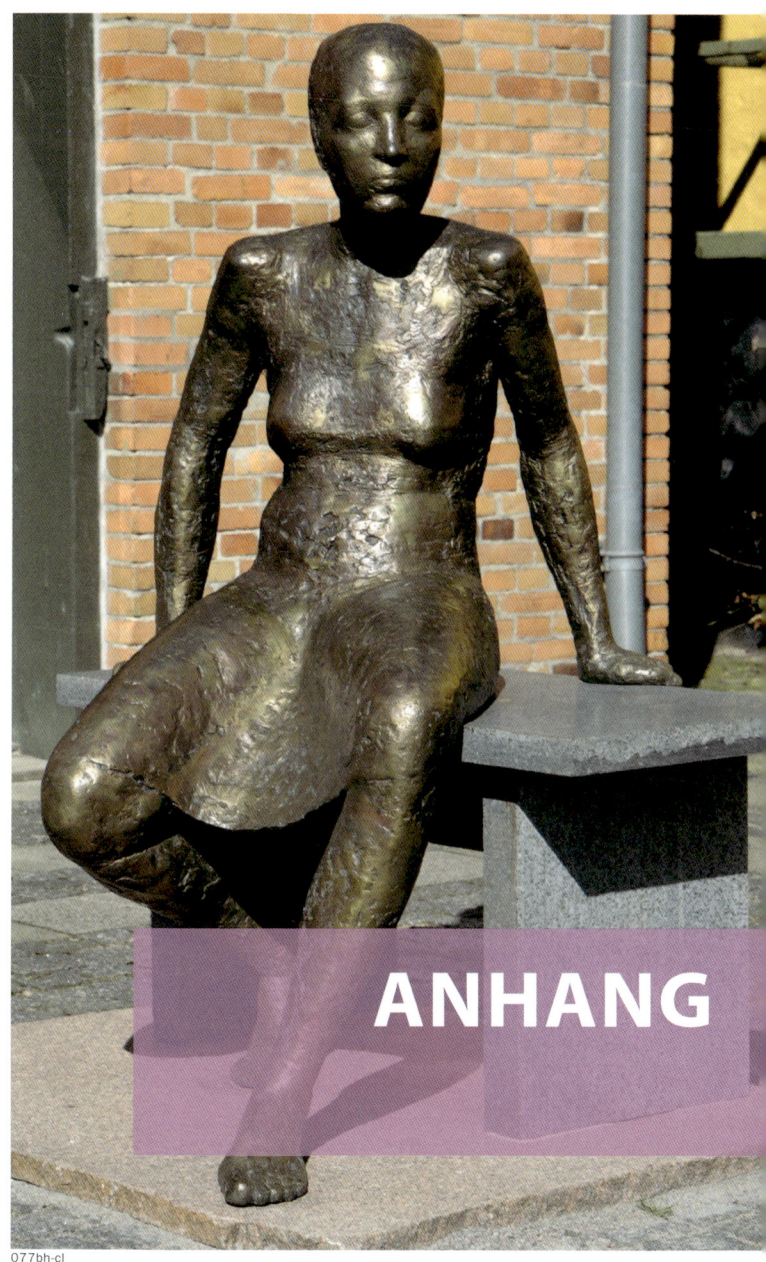

ANHANG

Kleine Sprachhilfe Dänisch

Die Sprachhilfe entstammt dem Kauderwelsch-Sprachführer „Dänisch – Wort für Wort" aus dem REISE KNOW-HOW Verlag.

Aussprache

Hier sind diejenigen Buchstaben(kombinationen) aufgeführt, deren Ausspra-che abweichend vom Deutschen ist bzw. sein kann.

a	kurzes/langes „a" oder „ä"
å	kurzes/langes „o" wie in „doch" / „Hose"
æ	kurzes/langes „ä" wie in „Äste" / „zählen"
ø	kurzes/langes „ö" wie in „Hölle" / „hören"
y	kurzes/langes „ü" wie in „Müll" / „fühlen"
eg, ej, ig	wie „ai" in „Hai"
øj, øg	wie „oi"
øv	wie „öu" (zusammengezogen gesprochen)
eu, ev, äv	wie „äu", aber getrennt wie „Näh-Utensilien"
iv	wie „iu" (zusammengezogen gesprochen)
yv	wie „üu" (zusammengezogen gesprochen)
ov, og	„ou", wie „o" in englisch „go"; in einer unbetonten Silbe wie „o"
ag	vor Mitlaut wie „au" in „Maul"; vor Selbstlaut oder am Wortende „ä"
av	wie „au" in „Maul"
af	als Vorsilbe wie „au" in „Maul"
c	vor e, i, y, æ, ø stimmloses „s" in „Wasser" vor o, u, å wie „k" in „Kartoffel"
d	Nach g, l, n ist das d stumm. Zwischen zwei Selbstlauten oder nach einem Selbstlaut am Wortende hört es sich wie das weiche engl. „th" in „these" an.
g	zwischen Selbstlauten wie „w" nach o, u, å wie „j" nach a, e, i, y, æ, ø; vor l stumm
h	am Wortanfang vor j und v stumm
k, p, t	in der Silbenmitte wie g, b, d
r	nach Selbstlaut kaum hörbar wie in „sehr"
s	stimmlos wie „ss" in „Wasser"
v	wie „w" in „Wasser"
z	stimmloses „s" wie in „Wasser"

Die wichtigsten Richtungsangaben

til højre/venstre	till hoier/wänster	nach rechts/links
lige ud	lije uul	geradeaus
på den modsatte side	po den molsädde side	gegenüber
langt/i centrum	langt/i sentrum	weit/im Zentrum

+++ Die wichtigsten Wörter mit dem Bonus-Audiotrack des Kauderwelsch-

i nærheden	i närheden	in der Nähe
(lige) her/der	(lije) här där	(gleich) hier/dort
udenfor byen	ulenfor büün	außerhalb der Stadt
kryds/trafiklys	krüss/trafiglüüs	Kreuzung/Ampel
om hjørnet	om jörned	um die Ecke

Die wichtigsten Fragewörter

hvem?	wämm	wer?, wem?, wen?
hvad?	wäll	was?
hvordan?	wordän	wie?
hvor?	wor	wo?, wie?
hvorfra? – hvorhen?	worfra – worhän	woher? – wohin?
hvor meget/længe?	wormall/worlänge	wie viel?/wie lange?
hvorfor?	worfo	warum?
hvornår?	worno	wann?

Wochentage

mandag	männdäj	Montag
tirsdag	tiirsdäj	Dienstag
onsdag	onsdäj	Mittwoch
torsdag	torsdäj	Donnerstag
fredag	fredäj	Freitag
lørdag	löördäj	Samstag
søndag	sönndäj	Sonntag

Zahlen

0	nul	null	18	atten	äddn
1	en	een	19	nitten	niddn
2	to	to	20	tyve	tüwe
3	tre	tree	21	enogtyve	eenotüwe
4	fire	fier	22	toogtyve	tootüwe
5	fem	fem	23	treogtyve	treeotüwe
6	seks	sex	30	tredive	trelwe
7	syv	süu	40	fyrre	för
8	otte	ode	50	halvtreds	hälträs
9	ni	ni	60	tres	träs
10	ti	ti	70	halvfjerds	hälfjärs
11	elleve	elwe	80	firs	fiers
12	tolv	toll	90	halvfems	hälfäms
13	tretten	treddn	100	hundrede	hundrede
14	fjorten	fiordn	200	tohundrede	tohundrede
15	femten	femdn	1000	tusind	tusn
16	seksten	saisdn	2000	totusind	totusn
17	sytten	süddn	1 Mio.	en million	een million

AusspracheTrainers auf PC oder Smartphone lernen (siehe Umschlag hinten) +++

Die wichtigsten Fragen

Findes der ...? finnes där	Gibt es ...?
Har du ...? haar du	Haben Sie ...?
Jeg leder efter ... jai leder efter	Ich suche ...
Jeg vil gerne have ... jai will gerne häw	Ich hätte gerne ...
Hvor kan man købe ...? wor kä man köbe	Wo kann man ... kaufen?
Hvad koster ...? wä koster	Wie viel kostet ...?
Hvor ligger / er ...? wor ligger / är	Wo liegt / ist ...?
Jeg vil til ... jai will till	Ich möchte nach ...
Hvor langt er der til ...? wor langt är där till	Wie weit ist es bis nach ...?
I hvilken retning ligger ...? i wilken rätning ligger	In welcher Richtung liegt ...?
Hvornår afgår færgen til ...? wornor augor färwen till	Wann geht die Fähre nach ...?
Findes der en toget til ...? finnes där en towet till	Gibt es einen Zug nach ...?

Die wichtigsten Floskeln

ja – nej jä – nai	ja – nein
tak – værsgod tak – wärsgo	danke – bitte
Det var så lidt! de war so litt	Keine Ursache.
God morgen! gomoorn	Guten Morgen!
Goddag! goddä	Guten Tag!
God aften! goafden	Guten Abend!
Farvel! farwell	Auf Wiedersehen!
Hvordan går det? wordän gor de	Wie geht's?
Det går. de gor	Es geht.
Tak, fint. tak fint	Danke, gut.

Udmærket. udmärked	Ausgezeichnet.
Hej! haj	Hallo!
Vi ses! wi sees	Bis bald!, Ciao!
Velbekomme! wälbekomme	Guten Appetit!
Skål! skool	Prost!
Jeg vil gerne betale. jai will gerne betäle	Ich möchte gern zahlen.
Til lykke med ... till lügge mel	Herzlichen Glückwunsch zu ...
Held og lykke! held og lügge	Viel Glück!
Undskyld! unsküld	Entschuldigung!
Det er jeg ked af! de är jai kelä	Das tut mir leid!
Det er synd. de är sünd	Das ist schade.
Kan du hjælpe mig? kä du jälpe mai	Können Sie mir helfen?

Nichts verstanden? – Weiterlernen!

Det har jeg ikke forstået.
de har jai igge forsdoed
das habe ich nicht verstanden
Das habe ich nicht verstanden.

Det forstår jeg ikke.
de forstoor jai igge
das verstehe ich nicht
Das verstehe ich nicht.

Jeg taler kun lidt dansk.
jai täler kun litt dänsk
ich spreche nur etwas dänisch
Ich spreche nur ein bisschen Dänisch.

Hvad behager?
wäbehaar
was beliebt
Wie bitte?

Er der nogen, som taler tysk?
är der noen som täler tüsk
ist da jemand, der spricht deutsch
Spricht hier jemand Deutsch?

Hvad for noget?
wäforno-et
was für etwas
Wie bitte?

Vil du være så venlig at gentage?
will du wär so wännli ä gentäe
*willst du sein so freundlich
zu wiederholen*
Würden Sie bitte wiederholen?

En gang til!
een gang till
ein Mal noch

Noch einmal!

Das komplette Programm zum Reisen und Entdecken von
REISE KNOW-HOW

- **Reiseführer –** alle praktischen Reisetipps von kompetenten Landeskennern
- **CityTrip –** kompakte Informationen für Städtekurztrips
- **CityTrip^{PLUS} –** umfangreiche Informationen für ausgedehnte Städtetouren
- **InselTrip –** kompakte Informationen für den Kurztrip auf beliebte Urlaubsinseln
- **Wohnmobil-Tourguides –** alle praktischen Reisetipps für Wohnmobil-Reisende
- **Wanderführer –** exakte Tourenbeschreibungen mit Karten und Anforderungsprofilen
- **KulturSchock –** Orientierungshilfe im Reisealltag
- **Kauderwelsch Sprachführer –** vermitteln schnell und einfach die Landessprache
- **Kauderwelsch plus –** Sprachführer mit umfangreichem Wörterbuch
- **world mapping project™ –** aktuelle Landkarten, wasserfest und unzerreißbar
- **Edition REISE KNOW-HOW –** Geschichten, Reportagen und Abenteuerberichte

Register

Svaneke Kirke 🔴39: Hingucker ist das von der Decke hängende Schiff

Schreiben Sie uns

Dieses Buch ist gespickt mit Adressen, Preisen, Tipps und Daten. Unsere Autoren recherchieren unentwegt und erstellen alle zwei Jahre eine komplette Aktualisierung, aber auf die Mithilfe von Reisenden können sie nicht verzichten. Darum: Teilen Sie uns bitte mit, was sich geändert hat oder was Sie neu entdeckt haben. Gut verwertbare Informationen belohnt der Verlag mit einem Sprachführer Ihrer Wahl aus der Reihe „Kauderwelsch".

Kommentare übermitteln Sie am einfachsten, indem Sie die Web-App zum Buch aufrufen (siehe Umschlag hinten) und die Kommentarfunktion bei den einzelnen auf der Karte angezeigten Örtlichkeiten oder den Link zu generellen Kommentaren nutzen. Wenn sich Ihre Informationen auf eine konkrete Stelle im Buch beziehen, würde die Seitenangabe uns die Arbeit sehr erleichtern. Unsere Kontaktdaten entnehmen Sie bitte dem Impressum.

Impressum

Cornelia Lohs

InselTrip Bornholm

© REISE KNOW-HOW Verlag
   Peter Rump GmbH

1. Auflage 2016

Alle Rechte vorbehalten.

ISBN 978-3-8317-2723-0
PRINTED IN GERMANY

Druck und Bindung:
   Media-Print, Paderborn

Herausgeber: Klaus Werner, Ulrich Kögerler
Layout: amundo media GmbH (Umschlag, Inhalt),
   Peter Rump (Umschlag)
Lektorat: amundo media GmbH
Karten: Ingenieurbüro B. Spachmüller,
   amundo media GmbH
Anzeigenvertrieb: KV Kommunalverlag GmbH &
   Co. KG, Alte Landstraße 23, 85521 Ottobrunn,
   Tel. 089 928096-0, info@kommunal-verlag.de
Kontakt: Osnabrücker Str. 79, 33649 Bielefeld,
   info@reise-know-how.de

Alle Angaben in diesem Buch sind gewissenhaft geprüft. Preise, Öffnungszeiten usw. können sich jedoch schnell ändern. Für eventuelle Fehler übernehmen Verlag wie Autorin keine Haftung.

Bildnachweis
Umschlagvorderseite: Destination Bornholm | Umschlagklappe rechts: cl (die Autorin)
Soweit ihre Namen nicht vollständig am Bild vermerkt sind, stehen die Kürzel an den Abbildungen für die
folgenden Fotografen, Firmen und Einrichtungen. Cornelia Lohs: cl | fotolia.com: fo | dreamstime.com: dt |
Destination Bornholm: db | Visit Denmark: vd

076bh-cl

Bornholm mit PC, Smartphone & Co.

QR-Code auf dem Umschlag scannen oder www.reise-know-how.de/inseltrip/bornholm16 eingeben und die kostenlose Web-App aufrufen (Internetverbindung zur Nutzung nötig)!

★ **Anzeige der Lage und Satellitenansicht aller** beschriebenen Sehenswürdigkeiten und weiterer Orte

★ **Routenführung** vom aktuellen Standort zum gewünschten Ziel

★ **Exakter Verlauf** der empfohlenen Wanderungen

★ **Audiotrainer** der wichtigsten Wörter und Redewendungen

★ **Updates** nach Redaktionsschluss

GPS-Daten zum Download

Auf der Produktseite dieses Titels unter www.reise-know-how.de stehen die GPS-Daten aller Ortsmarken als KML-Dateien zum Download zur Verfügung.

Inselplan für mobile Geräte

Um den Inselplan auf Smartphones und Tablets nutzen zu können, empfehlen wir die App „PDF Maps" der Firma Avenza™. Der Inselplan wird aus der App heraus geladen und kann dann mit vielen Zusatzfunktionen genutzt werden.

Zeichenerklärung

❶	Hauptsehenswürdigkeit
∴	Archäologische Stätte
⌕	Aussichtsturm
♟	Burg, Schloss, Ruine
⛺	Camping
⛏	Denkmal
▲	Erhebung
✈	Flughafen
⛳	Golfplatz
⊟	Hallenbad
⚓	Hafen
♁♀♂	Kirche, Kapelle
☗	Leuchtturm
Ⓜ	Museum
🅿	Parkplatz
❋	Rundblick
★	Sehenswürdigkeit
⛱	Strand
🏞	Tiergehege
✿	Windmühle
↑	Windrad
🟥	Unterkünfte
🟦	Essen und Trinken
🟩	Einkaufen/Sonstiges
🟧	Nachtleben
🟦	Aktiv

Bewertung der Attraktionen

★ ★ ★	nicht verpassen
★ ★	besonders sehenswert
★	wichtig für speziell interessierte Besucher

Diesem InselTrip-Band wurde hier ein herausnehmbarer Faltplan beigefügt. Sollte er beim Erwerb des Buches nicht mehr vorhanden sein, fragen Sie bitte bei Ihrem Buchhändler nach.